# Rezepte für Feste

Entspannt vorbereiten, dekorieren und genießen

EINFACH HAUSGEMACHT

Herausgeber: Einfach Hausgemacht-Redaktion
Hülsebrockstraße 2–8, 48165 Münster
Tel.: 02501/801-8795
Fax: 02501/801-58623
Internet: www.einfachhausgemacht.de
E-Mail: redaktion@einfachhausgemacht.de

Chefredaktion: Wolfgang Koschny

Layout: Stefan Emmrich, Karla Breilmann, Krea'Tec – Grafik, Konzeption und Datenmanagement im Landwirtschaftsverlag GmbH, Münster
Rezepte: Redaktion Einfach Hausgemacht (24), Susann Kreihe (23), Manuela Rüther (3), Ulla Scholz (3) und Nina Terliesner (19) für Einfach Hausgemacht
Fotos: Thomas Anderson (9), Thomas Epping (14), Ulli Hartmann (21), Winfried Heinze (7), Benjamin Janzen (51), Lena Möhler (2), Kirsten Neumann (12), Peter Rees (1), Rogge & Jankovic Fotografen (7), Manuela Rüther (93), Katarzyna Tasiemska (12), Taverne (3), Merle Weidemann (6) für Einfach Hausgemacht
Skizzen: Stefan Emmrich, Anne Wöstheinrich
Dekoideen/Anleitungen: Redaktion Einfach Hausgemacht, Christine Jäger (1), Gerda von Lienen (1) für Einfach Hausgemacht
Lektorat: Monika Römer, Annette Robers-Thesing
Verlag: Landwirtschaftsverlag GmbH, 48084, Telefon: 02501/801-0, www.lv.de, service@einfachhausgemacht.de

Druck: Westermann Druck Zwickau GmbH, Zwickau

1. Auflage 2015


ISBN 978-3-7843-5399-9

# Liebe Leserinnen und Leser!

Inzwischen ist es schon einige Zeit her, dass wir Ihnen stolz unser erstes Einfach Hausgemacht-Buch „Rezepte für Zwei" präsentieren konnten. Schnell war die 1. Auflage vergriffen, inzwischen gibt es das Buch aber wieder zu kaufen. „Rezepte fürs Wochenende" haben wir dann unser zweites Buch genannt. Darin sind die Rezepte etwas aufwändiger, opulenter und ausgefallener. Und trotzdem einfach und lecker. „Gibt's denn auch einmal etwas für größere Runden?" wurden wir gefragt. Das hat uns keine Ruhe gelassen. So haben wir gesucht, getestet und viele Deko-Ideen und Rezepte entwickelt – einige für Einfach Hausgemacht und einige extra für dieses Buch. Vom Osterbrunch über das Sommerpicknick und das Oktoberfest bis zum Silvesterfondue bietet „Rezepte für Feste" nun zahlreiche Inspirationen rund ums Jahr. Und damit aus der Einladung auch wirklich ein entspanntes Ereignis wird, sollte schon die Vorbereitung gut geplant sein. Darum haben wir für Sie zahlreiche Tipps zu Menüplanung, Einkauf und Timing zusammengestellt. Wundervolle Ideen zur Gestaltung des Raumes und der Tischdeko liefern wir Ihnen ebenfalls gleich mit.

Mit unserer Sammlung von ausgesuchten „Rezepten für Feste" möchten wir Sie dazu anregen, wieder einmal eine größere Zahl von lieben Menschen einzuladen und für sie zu kochen, zu backen und einen außergewöhnlich schönen, geselligen Rahmen zu schaffen. Wir wünschen Ihnen viel Spaß damit – und guten Appetit!

*Ihre Einfach Hausgemacht-Redaktion*

# Inhalt

## Serviceteil



## Osterbrunch



## Kaffeeklatsch



Wir backen immer bei Ober-/Unterhitze, wenn nichts anderes angegeben ist.

## Picknick



## Burgerparty



## Cocktailparty

# Inhalt

## Oktoberfest



## Weihnachtsmenü

## Feuerzangenbowle



## Silvesterfondue

Ein Fest soll ein für Gastgeber und Gäste gleichermaßen entspanntes Ereignis sein. Dazu ist es wichtig, die Vorbereitung gut zu planen. Dieses Kapitel enthält zahlreiche Tipps für die Menüzusammenstellung, den Einkauf und das Timing. Und typische Einfach Hausgemacht-Ideen zur Gestaltung des Raumes und der Tischdeko werden ebenfalls gleich mitgeliefert.

# Entspannt feiern

# Gute Vorbereitung ist alles

Je besser die Vorbereitung ist, desto mehr hat man als Gastgeber von den Gästen und dem Fest. Darum ist es ratsam, frühzeitig mit der Planung zu beginnen.

## 1. Phase: Lockere Ideensammlung und erste Vorentscheidungen

- Wann/zu welchem Anlass soll gefeiert werden?
- Mit wie viel Personen soll gefeiert werden?
- In welchem Rahmen soll die Feier stattfinden?
  - Menü
  - Büfett
  - Party (Cocktailparty, Grillparty etc.)
- Komme ich mit dem aus, was vorhanden ist, oder muss ich etwas ausleihen? Wenn ja, wo?
  - Tische
  - Stühle, Biergartenbänke
  - Tischwäsche
  - Geschirr, Gläser, Besteck
  - besonderes Equipment: zum Beispiel ein großer Grill, Warmhaltebehälter, Wärmepilze, Beleuchtung, Schattenspender oder eine Zapfanlage
- Welche Arten von Speisen und Getränken möchte ich anbieten?
  - Snacks/Fingerfood
  - Gegrilltes/Salate
  - Mehrgängemenü
  - alkoholfreie Getränke (Wasser, Schorlen, Limonade etc.)
  - Bier, Wein, Aperitifs, Digestifs, Cocktails
- Wie will ich dekorieren?
  - Tischwäsche
  - Kerzen, Teelichter
  - Tischkarten, Menükarten
  - Blumenschmuck
  - sonstige Dekoelemente
  - Girlanden, Lichterketten
  - Lampions, Windlichter, Fackeln etc.
- Will ich alles selbst vorbereiten oder hole ich mir Unterstützung?
  - von Gästen (viele Menschen helfen sehr gern in Form eines Büfettbeitrags, bei der Büfettbetreuung, dem Getränkeausschank oder beim Abräumen des Geschirrs)
  - von professionellen Anbietern (Metzger, Cateringservice, Getränkehändler, Blumenhändler)

## 2. Phase: Festlegung der Details

- Einkaufsliste schreiben (aufgeteilt nach Händlern)
- Woher bekomme ich die Getränke (selbst gemacht, gekauft oder in Kommission)?
- Welche Getränke brauche ich in welchen Mengen?
- Welche Lebensmittel benötige ich in welchen Mengen?
- einen groben Zeitplan erstellen
  - Wann ist was einzukaufen? Wer erledigt das?
    - Wochen vorher
    - einige Tage vorher
    - am Tag vorher
    - am Tag der Feier: morgens, 1–2 Stunden vorher, direkt vor Beginn der Feier
  - Wann ist was vorzubereiten? Wer erledigt das?

Am besten legt man eine digitale Tabelle mit Spalten zum Zeitpunkt, zur Aufgabe und dem dafür Zuständigen sowie für Notizen an. Sie hat den Vorteil, dass man sie ohne großen Aufwand jederzeit umgruppieren und ergänzen kann. Erledigtes immer gleich abhaken, das gibt ein gutes Gefühl!

| Zeit | Was | Wer | Erledigt Notizen |
|---|---|---|---|
| Wochen vorher | • Einladungen aussprechen, gestalten und verschicken<br>• Tische, Geschirr, Besteck, Equipment kontrollieren, ggf. vorbestellen<br>• Deko festlegen und besorgen<br>• Gebäck, Braten o.Ä. ggf. vorbereiten und einfrieren | | |
| einige Tage vorher | • ggf. Nachbarn über Feier informieren<br>• Wohnung und Balkon/Garten/Terrasse in Ordnung bringen<br>• lagerfähige Zutaten einkaufen<br>• Eiswürfel vorbereiten<br>• Deko vorbereiten<br>• Musik auswählen | | |
| am Tag vor der Feier | • genauen Kochplan erstellen<br>• Suppen und Pasteten vorbereiten<br>• Fleisch marinieren<br>• Salate vorbereiten, die durchziehen müssen<br>• Dips und Soßen vorbereiten<br>• Dessert vorbereiten<br>• Raum oder Garten dekorieren<br>• Tisch decken/Büfetttisch aufbauen<br>• für Büfett Tischdecke, Geschirr, Besteck, Vorlegebesteck, Schüsseln, Patten, Servietten etc. bereitstellen | | |
| am Tag der Feier | • Getränke kühl stellen<br>• Vorratsdosen und Klarsichtfolie für Büfettreste bereitstellen<br>• letzte Putz- und Aufräumarbeiten erledigen<br>• frisch zuzubereitende Speisen vorbereiten<br>• ggf. Platz für die Gästegarderobe schaffen | | |
| 1–2 Stunden vorher | • letzte Salate, Rohkost etc. vorbereiten<br>• ggf. Platten, Schüsseln warmstellen<br>• kalte Vorspeisen auf Tellern anrichten<br>• Kochliste und Büfett kontrollieren<br>• sich selbst fertigmachen | | |
| Direkt vor der Feier | • Kerzen, Fackeln etc. anzünden<br>• Musik anmachen<br>• durchatmen und sich auf die Gäste freuen | | |

## 3. Phase: Die eigentliche Umsetzung nach dem erstellten Plan.

# Wichtige Tipps für gute Gastgeber

## Einladung

Eine schriftliche, schön gestaltete Einladung, ob digital oder per Post verschickt, wertet ein Fest erheblich auf und bereitet die Gäste auf das vor, was sie erwartet. Sie sollte folgende Punkte enthalten:

- wo und wann findet das Fett statt
- was wird gefeiert
- an welchen Kontakt bis wann die Rückmeldung geschickt werden soll.

Die Einladungen möglichst frühzeitig verschicken, damit die Gäste auch wirklich kommen können. Es hat sich bewährt, zumindest bei wichtigen Familienfesten und Jubiläen, einige Wochen vor der eigentlichen Einladung eine mündliche Vorankündigung auszusprechen oder Save-the-Date-Nachrichten zu versenden.

## Gestalterischer Rahmen

Eine Einladung und die Deko für ein Essen oder einen festlichen Anlass brauchen gar nicht besonders aufwändig zu sein, damit sich die Geladenen willkommen fühlen. Die Hauptsache ist, dass sie eine persönliche Note haben und gestalterisch stimmig gewählt sind.

## Der schön gedeckte Tisch

Ein liebevoll gestalteter Tisch ist ein schönes Zeichen von guter Gastfreundschaft. Planen Sie deshalb genügend Zeit für die Vorbereitung ein. Rechnen Sie 60–70 Zentimeter Tischbreite pro Person. Ist der Tisch nicht lang genug, kann man zum Beispiel auf einen Biergartentisch ausweichen.

### Tischdecke oder Tischsets

Man kann den Tisch mit einer Tischdecke eindecken. Besonders festlich ist natürlich feines Leinen, aber auch mit schönen, zuvor versäuberten Dekostoffen lässt sich die Tafel hübsch gestalten. Bei längeren Tischen kann man das Tischtuch durch ein zweites ergänzen. Dies fällt weniger auf, wenn die Stoffbrüche beziehungsweise Faltlinien weiterlaufen. Übergänge lassen sich zudem mit passenden Bändern kaschieren. Einen formschönen Tisch kann man aber auch sehr dekorativ mit Tischsets aus Stoff eindecken. Sowohl Tischdecken als auch Tischsets bieten vielfältige Gestaltungsmöglichkeiten.

### Das Gedeck

Geschirr und Besteck richten sich nach der Menüfolge. Platzteller, Brotteller und -messer sowie zwei Bestecksets sind schön, aber absolut kein Muss. Ein Platzteller ist größer als der Speiseteller und schließt mit der Tischkante oder einen Daumen breit darüber ab. Dies gilt auch für den Speiseteller, wenn man ihn direkt auf das Tischtuch stellt. Mittig auf den Platzteller setzt man den Speiseteller, darauf bei Bedarf den Suppenteller. Ein Dessertteller wird erst nach dem Hauptgang an den Tisch gebracht. Wenn Rot- und Weißwein gereicht werden sollen, steht das Rotweinglas innen und das Weißweinglas außen, weil Weißwein in der Regel zuerst serviert wird. Das Wasserglas steht vor dem Glas für den Hauptgang.
Das Besteck liegt so, dass man es für die verschiedenen Gänge von außen nach innen wegnehmen kann. Die Serviette liegt entweder gefaltet auf dem Teller oder links neben dem Besteck (siehe Skizze auf S. 14).

### Serviettenschmuck

Stoffservietten, fertig gekaufte oder aus Dekostoffen selbst genäht, lassen einen Tisch besonders festlich wirken. Aus vielen Naturmaterialien wie Blüten, Gräsern, kleinen Früchten, Kapseln etc. sowie farblich passenden Bändern oder Dekodraht kann man mit wenigen Handgriffen hübsche Dekorationen fertigen.
Und auch mit passend gewählten Papier- oder Zellstoffservietten lässt sich ein Tisch stimmungsvoll eindecken. Sie passen am besten zu legereren Anlässen.

### Platzkärtchen oder Kartenträger

Wünscht man eine feste Tischordnung, sind Platzkärtchen oder hübsch gestaltete Kartenträger – in Form

| | | |
|---|---|---|
| 1. Platzteller | 4. Vorspeisen-besteck | 7. Dessertbesteck |
| 2. Speise- oder Suppenteller | 5. Suppenlöffel | 8. Wasserglas |
| 3. Butterteller | 6. Essbesteck | 9. Weißweinglas |
| | | 10. Rotweinglas |

von kleinen Gläsern, Blumenvasen oder -töpfen zum Beispiel mit Blumenschmuck darin – mit daran befestigten Namenschildern eine stilvolle Ergänzung für eine Tischdekoration. Mit einem schönen Stift von Hand beschriftet wirken sie besonders persönlich.

## Weitere Tischdeko-Elemente

- Es bietet sich an, die Tischdeko (Blumenschmuck, Kerzen, hübsche Dekogegenstände) zur Jahreszeit passend beziehungsweise dem Anlass des Festes entsprechend zu wählen. Bitte darauf achten, dass zum Beispiel Blumen nicht zu stark duften.
- Materialien und Farben sollten harmonisch ausgesucht werden: entweder Ton in Ton oder mit wohlgewählten Kontrasten.
- Die Tischdeko sollte nicht zu üppig ausfallen und genügend Platz für Schüsseln, Platten, Brotkorb etc. in der Tischmitte lassen. Zudem sollte sie in der Höhe so gewählt sein, dass jeder am Tisch ungestört mit seinem Gegenüber in Kontakt treten kann.

## Beleuchtung

Wählen Sie ein schmeichelhaftes Licht:

- kleine Kerzen oder große Stumpenkerzen – einzeln, aufgereiht oder zu stimmungsvollen Gruppen arrangiert
- passend zur Jahreszeit selbst gestaltete Teelichter – zur Beleuchtung des Tischs oder des Büfetts
- Windlichter mit saisonaler Deko – an markanten Stellen in Haus oder Garten aufgestellt
- in den Gartenboden gesteckte Fackeln
- Wimpelketten, Lampions oder Lichterketten mit oder ohne gestaltete Schirmchen – an Wänden arrangiert oder in Bäume und Sträucher gehängt.

## Musik

Bei Essenseinladungen ist stimmungsvolle Musik empfehlenswert, die mehrheitsfähig ist und die Unterhaltung untermalt. Auch die Lautstärke sollte man entsprechend wählen. Bei einer Tanzparty gelten natürlich andere Regeln!

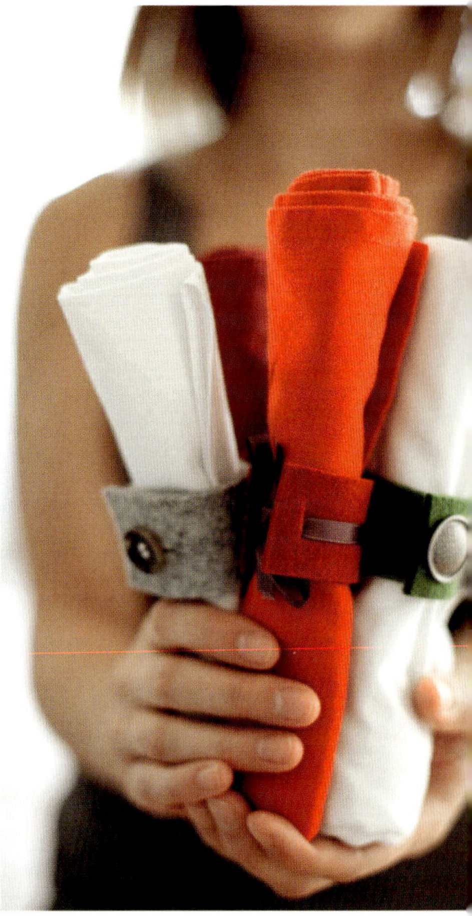

## Tipps zur Wahl der Speisen und Getränke

- Bewährte Speisen wählen, bisher unbekannte Gerichte lieber vorher ausprobieren
- Speisen vermeiden, die polarisieren: zum Beispiel Innereien
- viele Speisen einplanen, die sich gut vorbereiten lassen
- überwiegend leichtere Speisen wählen
- keine Salate aussuchen, die schnell unansehnlich werden.
- genügend Auswahl für Vegetarier anbieten
- ggf. an Kinderbedürfnisse und bekannte Unverträglichkeiten denken
- für ausreichend Brot sorgen
- nach dem Essen Digestifs und Kaffee oder Espresso anbieten
- bei Abendveranstaltungen sind Mitternachtssuppen oder Ähnliches reine Geschmackssache. Allerdings ist es immer gut, über den ganzen Abend hinweg (etwa für Nachzügler und „Wenigesser") Kleinigkeiten wie Fingerfood oder Knabbereien anzubieten.

## Tipps zur Kalkulation der Mengen von Speisen und Getränken

Gerade wenn man eine ungewohnt große Zahl von Menschen mit einem Menü oder Büfett bewirten möchte, fällt es oft schwer, die nötigen Mengen an Speisen und Getränken zu kalkulieren.
Auch wenn dies von vielen Faktoren, wie zum Beispiel dem Alter und dem Geschlecht der Gäste (Männer essen statistisch 100–150 Gramm mehr Fleisch als Frauen, trinken doppelt so viele Softdrinks beziehungsweise sechsmal mehr Bier) und nicht zuletzt von der aktuellen Witterung abhängt, gibt es Faustregeln, die eine gute Planungsgrundlage bieten. Sie sind für Mehrgängemenüs und Büfetts etwas unterschiedlich und werden im Folgenden ausführlich erläutert.
Grundsätzlich gilt aber für Menüs und Büfetts gleichermaßen: Je vielfältiger das Angebot an Speisen und Getränken ist, desto geringer kann logischerweise die jeweilige Menge gewählt werden.

### Mehrgängemenüs

Bei der Menüplanung sollte die Jahreszeit eine Hauptrolle spielen, denn saisonale Gerichte sind besonders attraktiv und geschmackvoll – und zudem auch preiswert. Und dies sind weitere wichtige Tipps für die Zusammenstellung eines harmonischen Menüs:

- ein roter Faden bietet einen schönen Rahmen für ein Menü aus Vorspeise, ein oder mehreren Hauptspeisen, Dessert und eventuell einem Käsegang: zum Beispiel Sommer- oder Herbstküche, Italienischer Abend, Genüsse aus Wald und Wiese. Aber Sie können Ihre Gäste zum Beispiel auch mit einem Vorspeisenmenü verwöhnen, etwa mit einem Spanischen Tapas- oder einem Orientalischen Meze-Abend
- Wiederholungen bei den Zutaten oder Zubereitungsarten möglichst vermeiden
- hat man mehrere Vorspeisen oder Hauptgerichte, ist es schön, zwischen kalt und warm abzuwechseln
- als Vorspeise etwas Leichtes wählen, das Appetit macht, aber nicht sehr sättigt (ideal: Häppchen, Suppe oder Salat). Dazu passt in der Regel ein Weißwein
- Fisch wird vor Fleisch gereicht (unabhängig davon, ob es sich um eine Vor- oder Hautspeise handelt)
- als Hauptgang kann man nach Anlass Fisch, Fleisch oder etwas Vegetarisches wählen. Zu vielen Hauptgerichten passt ein gehaltvoller Rotwein, aber zu Fisch serviert man längst nicht mehr nur Weißwein
- Insbesondere, wenn man mehr als einen Hauptgang plant, serviert man helle Speisen vor dunklen (etwa hinsichtlich der Fleischart oder Soßenfarbe)
- als Dessert kann man je nach Menü zwischen einer gehaltvollen Creme oder Eis, etwas Fruchtigem oder beidem in Kombination wählen. Auch Gebäck kann einen süßen Höhepunkt des Menüs bilden
- wenn man zum Hauptgang einen schweren Rotwein gereicht hat, kann man ihn gegebenenfalls auch zum Käsegang trinken (die Käsesorten bitte darauf abstimmen!). Dann bietet es sich an, zum Dessert einen Süßwein zu servieren. Will man sich auf zwei Weine beschränken, reicht man dazu einfach Kaffee oder Espresso.

Lassen Sie sich bei der Wahl der das Menü begleitenden Weine vom Weinhändler Ihres Vertrauens beraten.

Bei einem mehrgängigen Menü rechnet man pro Person ungefähr mit den in der nebenstehenden Tabelle aufgeführten Mengen:

| Gericht | Menge |
|---|---|
| Suppe | 200–250 ml als Vorspeise (als Hauptgericht 500 ml) |
| Häppchen, eingelegtes Gemüse etc. | 1–2 Stück |
| Fleisch | 150–250 g |
| Fisch | 50–150 g |
| Soße | 80–100 ml |
| Terrine | 1–2 Scheiben (1 Terrine von 30 cm ergibt 20–25 Scheiben) |
| Pikanter Kuchen | 2 Stück (1 Kuchen von 26–28 cm reicht als Hauptgericht für 3–4 Personen) |
| Kartoffeln oder Nudeln, Spätzle, Reis<br>(jeweils als Beilage) | 200 g<br>50–70 g (Trockengewicht) |
| Salate<br>Beilagensalate (Kartoffel-, Nudel-, Reissalat)<br>oder Gemüse- und Blattsalate | 200 g<br><br>60–100 g (Trockengewicht) |
| Brot/Baguette | ¼ Baguette oder 2 kleine Brötchen oder 3 Scheiben Brot |
| Butter, Dips | 30 g |
| Käse | 50–100 g |
| Aufschnitt | 50 g |
| Dessert<br>Cremespeise oder Eis<br>oder Früchte | 150 g<br>100–150 g |
| **Getränk** | **Menge** |
| Aperitif / Sekt<br>Bier<br>Wein<br>Wasser / Softdrinks | 100–150 ml<br>1–1½ l<br>½ l<br>1 l |

## Büfetts

Bei der Zusammenstellung eines Büfetts empfiehlt es sich, anstatt zu viel Verschiedenes anzubieten, lieber auf die richtige Mischung und gute Zutaten zu achten. Es ist hilfreich, folgende Details harmonisch aufeinander abzustimmen:

- eine ausgewogene Mischung aus Fleisch (etwa als aufgeschnittener Braten, Fleisch- und Schinkenplatten, Fisch (etwa als kalte Filets oder als Häppchen) und Vegetarischem (etwa Rohkost mit Dips, eingelegtes Gemüse, Salate)
- eine abwechslungsreiche Kombination von sättigenden und frischen beziehungsweise knackigen Speisen
- ein guter Mix aus herzhaften und süßen Speisen
- keine zu stark riechenden Speisen (etwa Käsesorten)
- die Speisen so reichen, dass sie leicht zu essen sind: Garnelen ohne Schale, Fisch filetiert, Fleisch in der Regel ohne Kochen, falls mit Knochen, wie zum Beispiel Hähnchenschenkel, diese mit Manschette reichen und so weiter
- genügend Brot und/oder Brötchen einplanen.

Bei einem abwechslungsreichen Büfett kalkuliert man pro Person mit den in der nebenstehenden Tabelle angegebenen Mengen:

| Gericht | Menge |
|---|---|
| Häppchen, Fingerfood | 2–3 Stück |
| Suppe | 200–250 ml |
| Fleisch | 150–250 g (bei einer Grillparty 350–500 g) |
| Fisch | 50–150 g |
| Soße | 80–100 ml |
| Terrine | 1–2 Scheiben (1 Terrine von 30 cm ergibt 20–25 Scheiben) |
| Pikanter Kuchen | 1 Stück (1 Kuchen von 26–28 cm reicht für 12–16 Personen) |
| Kartoffeln (als Beilage, z. B. als Gratin)<br>oder Gemüse (z. B. gegrillt oder eingelegt)<br>oder Nudeln, Spätzle, Reis (als Beilage) | 150–200 g<br>150–200 g<br>50–70 g (Trockengewicht) |
| Salate<br>sättigende Salate: Kartoffel-, Nudel-, Reissalat, Gemüse- oder Blattsalate | 200 g<br>60–100 g (Trockengewicht) |
| Brötchen/Baguette | ¼ Baguette oder 2 kleine Brötchen oder 3 Scheiben Brot |
| Butter, Dips | 50 g |
| Käse | 50–100 g |
| Aufschnitt | 50 g |
| Früchte | 50–100 g |
| Dessert oder<br>1 Blechkuchen | 2–3 (Rezepte für jeweils 4–6 Personen)<br>1 Stück (1 Blech reicht für 16–18 Personen), ersetzt eine entsprechende Menge Dessert (bei einem Kuchenbüfett 2–3 Stück pro Person) |
| **Getränk** | **Menge** |
| Aperitif / Sekt | 100–150 ml |
| Bier | 1–1½ l |
| Wein | ½ l |
| Wasser / Softdrinks | 1 l |

## Tipps zum Aufbau eines Büfetts

Heutzutage gibt es glücklicherweise für den Aufbau eines Büfetts keine strengen Regeln mehr. Aber die folgenden Tipps helfen dabei, es gut vorzubereiten und übersichtlich aufzubauen:

- es ist ratsam, den Büfetttisch groß genug zu wählen, zudem sollte er von mindestens zwei Seiten aus begehbar sein
- den Büfetttisch in einem Raum aufbauen, der nicht zu warm oder zu eng ist
- Stauraum für Reserven und Reste einplanen
- eventuell einen Extratisch für Desserts aufstellen
- bei Bedarf einen weiteren Tisch für gebrauchtes Geschirr und Besteck zusätzlich einplanen
- das Büffet am besten in der üblichen Speisefolge, beginnend mit Tellern, Besteck und Servietten aufbauen: Suppe, Snacks und Häppchen, leichte Vorspeisen, Terrinen, Salate, Fisch- und Fleischgerichte mit Beilagen, Brot, Butter und Dips, Desserts (samt dazu gehörigen Geschirr und Besteck), Früchte, Käse (mit Brot)
- pro Person zwei Sets Geschirr und Besteck einplanen
- Schüsseln nicht zu groß wählen (sie wirken nicht einladend), lieber nachlegen
- neben weniger bekannten Speisen ein Schildchen mit dem Namen des Gerichts aufstellen
- Gericht und passende Soße direkt nebeneinanderstellen
- Pfeffer- und Salzstreuer bereitstellen
- das Büfett fertig aufbauen, bevor die Gäste kommen, Speisen eventuell mit Folien abdecken – auch für warme Speisen Schüsseln, Platten und Vorlegebesteck bereitstellen, diese aber erst kurz vor Büffeteröffnung bestücken.
- es empfiehlt sich, abgegessene Büffets neu zu arrangieren. Am besten wählt man bereits im Vorfeld einen Helfer dafür aus.

## Festauftakt

Je feierlicher der Anlass, desto wichtiger ist der Auftakt des Festes. Darum sollte man im Vorfeld entscheiden, wie man ihn gestalten möchte.

- Ein Aperitif ist, egal ob bei einem kleinen oder einem größeren Festrahmen, eigentlich immer willkommen und lockert gleich zu Anfang der Feier die Atmosphäre erheblich auf.
- Eine förmliche Begrüßung der Gäste ist selbstverständlich kein Muss, schafft aber einen sehr persönlichen Rahmen für ein Fest.
- Ob ein Büfett offiziell eröffnet wird, ist ebenfalls reine Geschmackssache, aber in der Regel warten die Gäste darauf.

# Osterbrunch

Endlich ist es Frühling! Und zu Ostern bietet sich eine schöne Gelegenheit, mit Familie und Freunden in aller Ruhe ein Brunch, eine Mischung aus Frühstück und Mittagessen, zu servieren, zu naschen, zu plaudern und gemeinsam Spaß zu haben. Viele Gerichte für das Büfett lassen sich sehr gut am Vortag fertigstellen. Und wenn die Vorbereitung entspannt verläuft, ist auch die Stimmung gut. Das fröhliche Osterschlemmen kann beginnen!

## Vorbereitungsplan

### Am Vortag

- Mohngrissini backen und einfrieren
- Marinierte Putenbrust samt Dip zubereiten und (abgekühlt) kalt stellen
- Osterlamm herstellen, zu ¾ backen und einfrieren
- Kerbelcreme zubereiten und (getrennt) samt Eihälften kalt stellen
- Frühlingskräuter-Frischkäse-Torte samt Garnitur zubereiten und kalt stellen
- Platten, Schüsseln, Vorlegebesteck bereitstellen
- Büfettisch aufbauen
- Eiswürfel einfrieren

### Am frühen Morgen

- Mohngrissini auftauen
- Brunnenkressesuppe zubereiten und kalt stellen

### Zwei Stunden vorher

- Frühlingsbowle vorbereiten und kalt stellen
- Kerbeleier füllen und auf Platte abdecken
- Radieschen-Gurken-Salat vorbereiten und abdecken
- Osterlamm auftauen und fertigbacken

### Kurz vor Beginn

- Putenbrust in Scheiben schneiden und mit Dip auf Platte anrichten
- Radieschen-Gurken-Salat abschmecken und garnieren
- Frühlingskräuter-Frischkäse-Torte auf Platte anrichten
- Brunnenkressesuppe heiß machen, in Terrine anrichten
- Bowle servierfertig machen
- das Büfett arrangieren

ULLI

# Dekotipp

## Osterhasen-Servietten

**Material für 1 Serviette:**

- Quadratische Stoffserviette, 50 x 50 cm oder 60 x 60 cm
- Schleifenband, ca. 30 cm
- Pappe für Namensschildchen nach Belieben

**So geht's:**

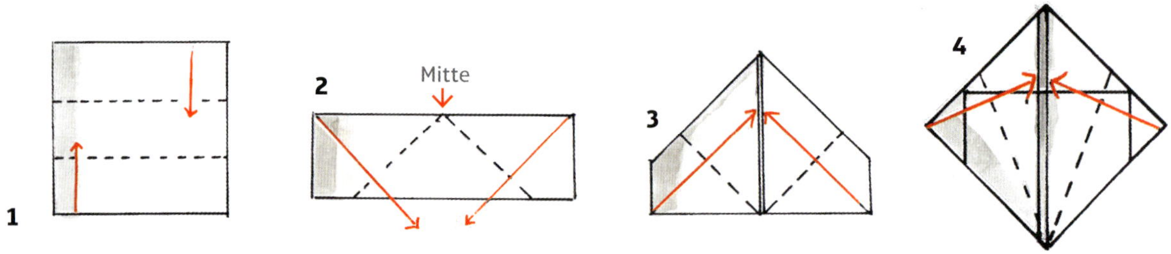


1. Von einer quadratischen Serviette, 50 x 50 cm oder 60 x 60 cm, das obere Drittel herunterfalten, dann das untere Drittel nach oben falten.

2. Die linke und rechte obere Ecke nach unten bis zur Mitte falten.

3. Die linke und rechte untere Ecke jeweils zur Mitte falten.

4. Die linke und rechte äußere Ecke jeweils zur Mitte falten.

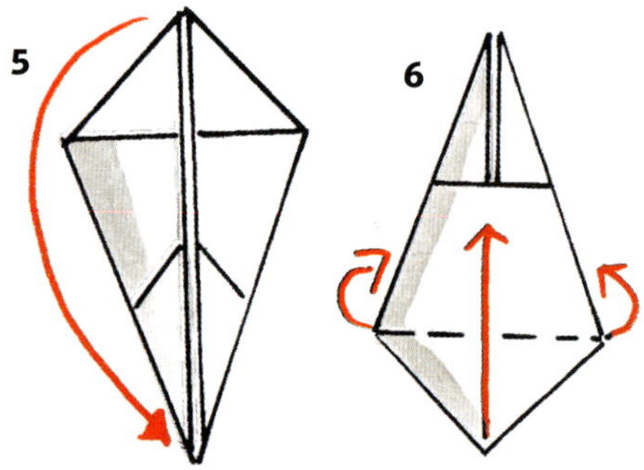


5. und 6. die Serviette wenden, die untere Spitze nach oben falten, dann die seitlichen Spitzen nach hinten zusammenführen.

7. Den Serviettenhasen mit einem hübschen Schleifenband fixieren.

# Frühlingsbowle

**Für 2 ½ Liter**

**2 Flaschen Weißwein, z. B. Sauvignon blanc**
**1 Bund Zitronenmelisse**
**1 unbehandelte Zitrone**
**2 Schalen Physalis**
**4 EL Zucker**
**100 ml weißen Rum**
**1 Flasche Sekt**
**Eiswürfel zum Servieren**

Den Weißwein in ein Bowlegefäß gießen. Zitronenmelisse waschen, trockentupfen und die Blätter abzupfen. Zitrone waschen, trockentupfen und die Schale mit dem Sparschäler in einem Stück spiralförmig abschälen. Physalis putzen, waschen und halbieren. Zitronenmelisse, Zitronenschale, Physalis, Zucker und Rum zum Weißwein geben, rühren und 2 Stunden kalt stellen. Die Bowle kurz vor dem Servieren mit dem Sekt aufgießen und einige Eiswürfel hineingeben. Die übrigen Eiswürfel separat dazu reichen.

# Brunnenkressesuppe

**Für 4 Personen**

**2 Bund Brunnen-kresse, ca. 400 g**
**2 Schalotten**
**3 mittlere mehlig-kochende Kartoffeln**
**1 EL Butter**
**750 ml Gemüsebrühe**
**150 ml Sahne**
**Salz**
**frisch gemahlener Pfeffer**

Für die Suppe die Brunnenkresse putzen, die langen Stiele entfernen und die Blätter waschen. Einige Blätter für die Garnitur zur Seite legen, die restlichen grob hacken.
Die Schalotten und die Kartoffeln schälen und fein würfeln. Die Butter in einem Topf erhitzen und beides darin anschwitzen. Die Gemüsebrühe dazugeben und 15 Minuten köcheln lassen. Sahne angießen und kurz aufkochen. Die Brunnenkresse dazugeben und die Suppe pürieren. Mit Salz und Pfeffer abschmecken. Nur noch kurz aufkochen, damit die Farbe der Brunnenkresse erhalten bleibt. Als Garnitur die Brunnenkresseblättchen darüberstreuen.

TIPP Das Rezept für die Käse-Sesam-Stangen, die oben zusammen mit der Suppe abgebildet sind, finden Sie auf S. 135.

Als Topping anstelle der Brunnenkresse einen Klecks halb geschlagene Sahne und 2 Stückchen geräucherte Forelle auf die Suppe geben.

# Gefüllte Eier mit Kerbelcreme

**Für 4 Personen**

**6 Eier**
**2 Bund frischer Kerbel**
**1 TL Senf**
**50 ml Rapsöl**
**Zitronensaft**
**1 Spritzer Sojasoße**
**Salz**
**frisch gemahlener Pfeffer**

Die Eier in kochendem Wasser 10 Minuten garen und abkühlen lassen.
In der Zwischenzeit den Kerbel waschen, trockenschleudern, die Blättchen abzupfen und die Hälfte grob hacken.
Die Eier pellen, längs halbieren und das Eigelb herauslösen.
Die Kerbelblättchen, das Eigelb und den Senf in einem hohen schmalen Gefäß pürieren. Das Rapsöl in dünnem Strahl zulaufen lassen, bis eine spritzfähige Creme entstanden ist.
Mit Zitronensaft, Sojasoße und Salz abschmecken. Die Kerbelcreme mit einem Löffel oder einer Spritztülle in die Eihälften füllen.
Diese auf den restlichen Kerbelblättchen anrichten und mit Salz und Pfeffer bestreuen.

# Radieschen-Gurken-Salat mit Schnittlauch

**Für 4–6 Personen**

**Salat:**
**1 Bund Radieschen**
**1 Salatgurke**
**2 Äpfel**
**1 Bund Frühlingszwiebeln**
**1 Bund Schnittlauch**
**2 Scheiben Gouda, 2 mm dick**

**Dressing:**
**100 ml Joghurt**
**100 ml saure Sahne**
**1 Zitrone**
**1 EL Zucker, Salz**
**frisch gemahlener Pfeffer**

Für den Salat die Radieschen putzen, waschen und in Scheiben hobeln. Die Gurke schälen, längs halbieren und die Kerne herausschaben. Die Gurkenhälften in 3 mm dicke Scheiben schneiden. Die Äpfel schälen, vierteln, das Kerngehäuse herausschneiden. Die Viertel ebenfalls in Scheiben schneiden. Frühlingszwiebeln und Schnittlauch waschen, trockentupfen und in feine Ringe schneiden. Einige Schnittlauchhalme und 2 EL der Frühlingszwiebelringe für die Garnitur zur Seite legen. Den Käse in Streifen schneiden. Alle Zutaten vermengen.
Für das Dressing Joghurt, saure Sahne, den Saft der Zitrone und Zucker vermengen. Mit Salz und Pfeffer würzen.
Salatzutaten und Dressing in eine Schüssel schichten und mit Schnittlauch garnieren.

# Marinierte Putenbrust mit Aprikosensenf-Dip

**Für 4 Personen**

**1 kg Putenbrust**
**1 daumengroßes Stück Ingwer**
**2 EL Aprikosenmarmelade**
**1 EL mittelscharfer Senf**
**2 EL Sojasoße**
**Salz**
**Fett für die Form**
**frisch gemahlener Pfeffer**
**2 EL Öl**
**150 ml Crème fraîche**
**1 TL körniger Senf**
**½ TL gemahlener Senf**

Die Putenbrust waschen und trockentupfen, Haut und Sehnen entfernen. Den Ingwer schälen und fein reiben. Mit Aprikosenmarmelade, mittelscharfem Senf, 1 EL Sojasoße, Salz und Pfeffer verrühren und zusammen mit der Putenbrust in einen Gefrierbeutel geben. Fest verschließen, Marinade rundherum in das Fleisch einmassieren und mindestens 4–5 Stunden ziehen lassen.

Den Backofen auf 200 Grad vorheizen. Die Marinade vom Fleisch abstreifen und beiseitestellen. Eine feuerfeste Form einfetten und das Fleisch hineinlegen.

Im vorgeheizten Backofen bei 200 Grad etwa 30 Minuten garen. Die Temperatur auf 120 Grad senken und weitere 35–45 Minuten garen. Zwischendurch das Fleisch immer wieder mit der Marinade bestreichen.

Die Putenbrust aus der Form nehmen und 5 Minuten ruhen lassen. Den Bratensatz mit Crème fraîche, körnigem und gemahlenem Senf sowie der restlichen Sojasoße verrühren und mit Salz und Pfeffer abschmecken.

Das Fleisch in Scheiben schneiden und mit der Soße servieren.

TIPP Das Gericht kann heiß und kalt gegessen werden. Für die kalte Variante das Gericht am Vortag zubereiten und kalt stellen. Vor dem Servieren in 2 mm dünne Scheiben schneiden und mit dem Dip anrichten.

Die Bratenreste zu einem Geflügelsalat verarbeiten oder als Füllung für einen Burger verwenden.

# Osterlamm mit Hagelzucker

**Für 6–8 Personen**

**Für den Hefeteig:**
**750 g Mehl**
**75 g Zucker**
**½ TL Salz**
**350 ml Milch**
**30 g Hefe**
**75 g zimmerwarme Butter**

**Außerdem:**
**Mehl zum Bearbeiten**
**1 Rosine**
**1 Ei**
**2–3 EL Hagelzucker**

Mehl, Zucker und Salz mischen und in eine Schüssel geben. In die Mitte eine Mulde drücken. Die Hefe hineinbröckeln. Die Milch erwärmen, dazugießen und mit der Hefe verrühren. Die Butter auf das Mehl geben und alles zu einem geschmeidigen Teig verkneten. Abgedeckt an einem warmen Ort 60 Minuten gehen lassen.
Ein Backblech mit Backpapier belegen.
Den Teig nochmals durchkneten und in 31 gleich große Teile teilen (Bild 1). Für das Fell 25 Stück zu Kugeln formen und gemäß dem Foto auf das Backpapier legen (2). Für den Kopf 3 Teile zu einer großen Kugel rollen und an den Körper setzen. 2 Teile zu 10 cm langen Rollen formen, in der Mitte falten und als Beine unter den Körper setzen. Eine Kugel teilen, die Ohren daraus formen und an den Kopf setzen. Die Rosine als Auge in den Kopf drücken (3).
Das Lamm abgedeckt 30 Minuten gehen lassen. Inzwischen den Backofen auf 200 Grad vorheizen. Mit verquirltem Ei bestreichen und den Körper mit dem Hagelzucker bestreuen (4). Im vorgeheizten Backofen etwa 20–25 Minuten backen.

TIPP Soll das Lamm am Vortag vorbereitet werden, es nur 16 Minuten backen und dann einfrieren. Am Morgen vor dem Osterbrunch fertigbacken.

# Frühlingskräuter-Frischkäse-Torte mit Pumpernickel

**Für eine 22er Springform**

**400 g Pumpernickel**
**100 g Butter**
**4 Bund gemischte Frühlingskräuter, z. B. Kerbel, Zitronenmelisse, Dill, Schnittlauch, Kresse, Sauerampfer**
**1 unbehandelte Zitrone**
**200 g Feta**
**600 g Frischkäse**
**600 g Quark**
**1 Beutel Gelatine Fix oder**
**3 Blatt Gelatine**
**Salz, Pfeffer**

**Außerdem:**
**Kleine Frühlingsblüten für die Garnitur**

Den Boden einer Springform mit Backpapier auslegen.
Den Pumpernickel zerbröseln, in einer Pfanne ohne Fett anrösten und vom Herd nehmen. Die Butter dazugeben, schmelzen und mit den Bröseln vermengen. Die Masse in die Springform drücken, kalt stellen.
Die Frühlingskräuter waschen, trockenschleudern und 2 Hände voll für die Garnitur zur Seite legen. Die restlichen Kräuter hacken. Die Zitrone waschen, trockenreiben und die Schale fein abreiben.
Den Feta pürieren und mit Frischkäse, Quark, gehackten Kräutern, Zitronenabrieb sowie dem Gelatine Fix (Blattgelatine nach Packungsanweisung verarbeiten) verrühren. Salzen, pfeffern und auf den Pumpernickelboden streichen. Mindestens 4 Stunden kalt stellen.
Direkt vor dem Servieren mit den restlichen Kräutern und kleinen Frühlingsblüten garnieren.

TIPP Die Torte in kleine Stückchen schneiden und mit jeweils einer Scheibe Räucherlachs oder Schinken belegen.

Anstelle einer kleinen Springform verwenden Sie einfach einen Tortenring und ziehen ihn auf das gewünschte Maß. Bei einem größeren Durchmesser wird die Torte etwas flacher.

Die Sonne lockt uns auf die Terrasse und in den Garten. Für Kaffee und Kuchen sitzen alle am liebsten draußen, vor allem wenn Gäste kommen. Das Tortenbüfett baut man allerdings besser drinnen oder zumindest im Schatten auf, damit die Garnituren aus Sahne, Butter- und Joghurtcreme nicht unansehnlich werden. Der Tisch ist gedeckt, Kaffee und Tee sind gekocht, das Büffet ist eröffnet!

Kaffeeklatsch

## Vorbereitungsplan

**Tage vorher**

- genügend Kühlschrankplatz für 3–4 Torten organisieren
- Schwedische Bullar mit Nussfüllung herstellen, zu ¾ backen und einfrieren

**Am Vortag**

- Frankfurter Kranz backen und auskühlen lassen
- Frankurter Kranz füllen, garnieren und kühl stellen
- Limetten-Tortenboden vorbereiten
- Boden und Füllungen für Rhabarber-Marzipan-Torte vorbereiten
- Erdbeer-Kokos-Torte vorbereiten und kalt stellen
- Rhabarber-Marzipan-Torte fertigstellen und kalt stellen

**Am Morgen**

- Limetten-Torten-Füllung vorbereiten. Torte fertigstellen und kalt stellen

**Zwei Stunden vorher**

- Schwedische Bullar fertigbacken
- Cocktail Silver Sky Mountains vorbereiten und ziehen lassen
- Kaffeetafel eindecken

**30 Minuten vorher**

- Limettentorte garnieren
- Erdbeer-Kokos-Torte garnieren

**Kurz vor Beginn**

- Cocktail Silver Sky Mountains servierfertig machen
- Büfett arrangieren
- Torten anschneiden

# Dekotipp

## Glasflaschen-Blumenvasen

**Material:**
- Glasfläschchen, (eine ungerade Zahl ist besonders dekorativ)
- ggf. Waschbenzin
- Frühlingsblumen, z. B. Gämswurz, Gänseblümchen oder Maiglöckchen,
- Gräser
- Tablett

**So geht's:**
Glasfläschchen bei Bedarf mit Waschbenzin von den Etiketten befreien und gründlich spülen. Mit lauwarmem Wasser füllen, einzelne Frühlingsblumen zusammen mit ein paar Gräsern hineinstellen und die Fläschchen auf einem passenden Tablett aufreihen.

# Silver Sky Mountains

**Für etwa 1,5 Liter (ohne Eis)**

**4 unbehandelte Limetten**
**1–2 EL brauner Rohrzucker**
**¼ l weißer Rum**
**1 l Ginger Ale**

**Außerdem:**
**Crushed Ice nach Belieben**
**½ Bund Minze zum Garnieren**

Die Limetten waschen und in Scheiben schneiden. Einige Scheiben für die Garnitur zur Seite legen. Die restlichen Scheiben mit dem braunen Zucker in eine Glaskaraffe geben und etwas zerstoßen. Den weißen Rum dazugießen. 1–2 Stunden ziehen lassen. Die Karaffe nach Belieben bis zur Hälfte mit Crushed Ice füllen und Ginger Ale zugießen. In Longdrinkgläser füllen und mit Limettenscheiben und Minzblättchen garnieren.

**Tipp:**
Auch ohne Alkohol schmeckt der Silver Sky Mountains köstlich. Einfach den weißen Rum weglassen.

# Limetten-Joghurt-Torte

**Für eine Springform**

| | | |
|---|---|---|
| 22er | 26er | |
| **Boden:** | | |
| 400 g | 150 g | Vollkornbutterkekse |
| 50 g | 75 g | gehackte Mandeln |
| 100 g | 150 g | Butter |
| **Füllung:** | | |
| 2 | 3 | unbehandelte Limetten |
| 6 | 9 | Blatt Gelatine |
| 500 ml | 750 ml | Joghurt |
| 200 ml | 300 ml | Frischkäse |
| 100 g | 150 g | Zucker |
| 1 | 2 | Päckchen Vanillezucker |
| 200 ml | 300 ml | Sahne |

**Tipp:**
Verwenden Sie anstelle des Springformrandes einen Tortenring aus Edelstahl oder Kunststoff. Aufgrund des hohen Säuregehaltes kann der Springformrand anlaufen und dadurch die Creme verfärben.

Den Boden einer Springform fetten und einen Tortenring darum befestigen.
Die Vollkornbutterkekse in einen Gefrierbeutel geben. Den Beutel verschließen und die Kekse mit einem Nudelholz zerbröseln (Bild 1).
Die gehackten Mandeln in einer Pfanne trocken anrösten.
Die Butter schmelzen und mit den Keksbröseln und den Mandeln vermengen (2).
Die Masse gleichmäßig auf den Boden der Springform drücken und kalt stellen (3).

Für die Füllung die Gelatineblätter nacheinander in kaltes Wasser legen und 5 Minuten quellen lassen.
Die Limetten abwaschen. Eine Frucht für die Garnitur zur Seite legen. Von den restlichen Limetten die Schale dünn abreiben und den Saft auspressen (4). Zusammen mit dem Joghurt, Frischkäse, Zucker und Vanillezucker glatt rühren und abschmecken.
Die Gelatine ausdrücken. In einem kleinen Topf bei geringer Hitze auflösen. 2 EL Limetten-Joghurt-Creme zügig hineinrühren. (5)
Dann die Gelatinemasse in die Creme rühren. Kalt stellen.
In der Zwischenzeit die Sahne steif schlagen. Sobald die Limetten-Joghurt-Creme zu stocken beginnt, durchrühren und die Sahne unterheben. Auf den Keksboden streichen und mindestens 2 Stunden kalt stellen.

Für die Garnitur direkt vor dem Servieren mit einem Zestenschneider lange Streifen von der Limettenschale abhobeln. Die Limetten können alternativ auch zum Zestenschneiden mit einem Sparschäler dünn geschält werden. Die Schalen fein hacken oder in feine Streifen schneiden.
Die Frucht in Scheiben schneiden und die Tortenoberseite damit dekorieren. Mit den Limettenzesten locker bestreuen.

# Frankfurter Kranz

**Für eine Kranzform**

| 18er | 28er | |
|---|---|---|
| **Teig:** | | |
| 1 Msp. | 2 Msp. | abgeriebene Schale einer unbehandelten Zitrone |
| 100 g | 200 g | weiche Butter |
| 80 g | 150 g | Zucker |
| ¼ | ½ | Vanilleschote |
| 3 | 6 | Eier |
| 150 g | 300 g | Mehl |
| 50 g | 100 g | Speisestärke |
| 1,5 TL | 3 TL | Backpulver |

**weiche Butter zum Einfetten**
**Erdbeermarmelade und Johannisbeergelee zum Füllen**

**Für die Buttercrème:**

| | | |
|---|---|---|
| ½ | 1 | Pck. Vanille-Puddingpulver |
| 250 ml | 500 ml | Milch |
| 1 | 2 | Eigelb |
| 50 g | 100 g | Zucker |
| 125 g | 250 g | weiche Butter |

**Für das Krokant:**

| | | |
|---|---|---|
| 100 g | 100 g | gehackte Mandeln |
| 50 g | 50 g | Zucker |

**Für die Dekoration:**
**kandierte Kirschen**

Den Backofen auf 180 Grad vorheizen. Eine Kranzform mit Butter ausstreichen. Für den Teig in einer Schüssel mithilfe eines Rührgeräts die Zitronenschale mit Butter, Zucker und Vanillemark schaumig rühren. Die Eier nach und nach unterrühren. Das Mehl mit der Speisestärke und dem Backpulver mischen und zügig auf kleinster Stufe einrühren.
Den Teig in die Form geben und in 25–30 Minuten (45–55 Minuten) goldbraun backen. Etwas abkühlen lassen und aus der Form lösen.
Für die Buttercrème das Puddingpulver mit 3 EL kalter Milch und dem Eigelb glattrühren. Die restliche Milch mit dem Zucker aufkochen. Das angerührte Puddingpulver einrühren und den Pudding einige Minuten unter ständigem Rühren kochen lassen. Vom Herd nehmen und unter gelegentlichem Rühren im Wasserbad auf Zimmertemperatur abkühlen lassen. Die zimmerwarme Süßrahmbutter mit einem ▸

**Tipp:**

Statt kandierter Kirschen kann man Amarenakirschen oder im Sommer frische Süßkirschen verwenden.

Rührgerät schaumig rühren. Sie sollte sehr cremig und weich sein. Den temperierten Pudding nun löffelweise und unter ständigem Rühren zur Süßrahmbutter geben.
So lange weiterrühren, bis der Pudding vollständig eingearbeitet ist. Buttercrème beiseitestellen.
Für den Krokant die Mandeln in einer Pfanne ohne Fett erhitzen. Esslöffelweise den Zucker dazugeben, dabei mit einem Holzlöffel ständig rühren. Immer erst dann wieder einen Löffel Zucker dazugeben, wenn der vorige vollständig karamellisiert ist. So lange fortfahren, bis die Mandeln mit einer Karamellschicht ummantelt und keine Zuckerkristalle mehr zu sehen sind. Den Krokant auf einem Backblech auskühlen lassen.
Den abgekühlten Boden zweimal quer durchschneiden, sodass 3 Ringe entstehen. Jeden Ring mit Marmelade oder Gelee dünn bestreichen. Den unteren Ring gleichmäßig mit etwas Crème bestreichen und den mittleren Ring auflegen. Darauf wiederum Buttercrème streichen und den oberen Ring auflegen. Nun den ganzen Kranz mit Buttercrème ummanteln. Dabei darauf achten, dass etwas Crème für die Rosetten übrig bleibt.
Den Kranz gleichmäßig mit Krokant bestreuen. Die übrige Crème in einen Spritzbeutel mit Sterntülle füllen und in gleichmäßigen Abständen Rosetten aufspritzen. Jede mit einer Kirsche belegen. Die fertige Torte vor dem Servieren am besten einige Stunden an einem kühlen Ort durchziehen lassen.

TIPP Wie die Buttercrème gelingt: Die Butter muss frisch und von bester Qualität sein. Ideal ist Süßrahmbutter. Es ist wichtig, dass Pudding und Butter die gleiche Temperatur haben. Außerdem darf man den Pudding nur löffelweise hinzugeben und immer erst dann einen weiteren Löffel zufügen, wenn der vorherige Löffel Pudding vollständig in die Butter eingearbeitet ist. Es besteht sonst die Gefahr, dass sich Butter und Pudding, also Fett- und Wasserbestandteile der Crème, trennen.

# Schwedische Bullar mit Nussfüllung

**Für 12 Stück**

**Hefeteig:**
**750 g Mehl**
**75 g Zucker**
**½ TL Salz**
**350 ml Milch**
**30 g Hefe**
**75 g zimmerwarme Butter**

**Füllung:**
**120 g gemahlene Haselnüsse**
**120 g Zucker**
**90 ml Sahne**

**Außerdem:**
**Mehl zum Bearbeiten**
**1 Eigelb**
**1 EL Milch**

**Tipp:** Für die klassischen Bullar werden 75 g zimmerwarme Butter, 1 EL Vanillezucker und 75 g Zucker verrührt und zum Füllen verwendet.

Für den Hefeteig Mehl, Zucker und Salz mischen und in eine Schüssel geben. In die Mitte eine Vertiefung drücken. Die Hefe hineinbröckeln. Die Milch erwärmen, dazugießen und mit der Hefe verrühren. Die Butter auf das Mehl geben und alles zu einem geschmeidigen Teig verkneten. Abgedeckt an einem warmen Ort 60 Minuten gehen lassen.

Für die Füllung die Haselnüsse, den Zucker und die Sahne zu einer streichfähigen Masse verrühren.

Den Hefeteig nochmals durchkneten. Auf einer bemehlten Arbeitsfläche zu einem Rechteck von 60 x 45 cm ausrollen. Mit der Nussfüllung bestreichen. Das obere Drittel der Teigplatte über das mittlere Drittel schlagen (Bild 1). Dann das untere Drittel von unten nach oben darüberschlagen, leicht andrücken.

Die Teigplatte in 5 cm breite Streifen schneiden (2). Diese nochmals mittig bis auf 1 cm einschneiden, sodass jeweils 2 lange, oben zusammenhängende Stränge entstehen (3).

Die Teigstränge 2-mal miteinander verdrehen (4 + 5) und die Enden von hinten in den oberen Schlitz stecken.

Die Knoten auf ein mit Backpapier ausgelegtes Blech setzen. Abgedeckt etwa 30 Minuten gehen lassen.

In der Zwischenzeit den Backofen auf 180 Grad vorheizen.

Eigelb und Milch verquirlen und die Hefeteilchen damit bestreichen (6). Im vorgeheizten Backofen etwa 20–25 Minuten backen.

TIPP Sollen die Bullar am Vortag vorbereitet werden, es nur 16 Minuten backen und dann einfrieren. Am Morgen vor dem Kaffeeklatsch fertigbacken.

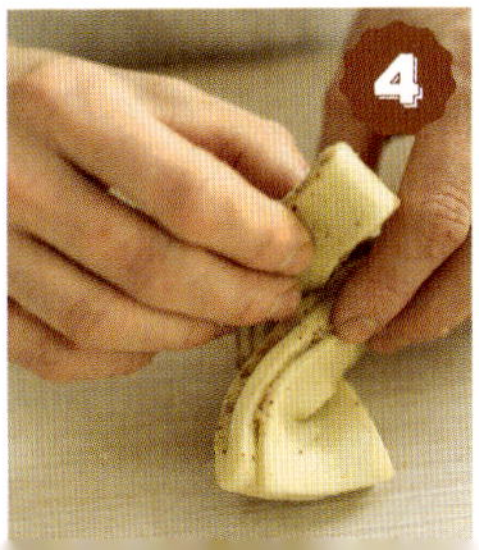

# Rhabarber-Marzipan-Torte

**Für eine Springform**

| 22er | 28er | |
|---|---|---|
| **Boden:** | | |
| 140 g | 225 g | zimmerwarme Butter |
| 140 g | 225 g | Zucker |
| 2 | 3 | Eier |
| 125 g | 200 g | Mehl |
| 1 geh. TL | 2 TL | Backpulver |
| 125 g | 200 g | gehobelte Mandeln |
| 2 TL | 1 EL | Vanillepuddingpulver |
| 2 EL | 3 EL | Milch |
| **Füllung:** | | |
| 600 g | 1 kg | Rhabarber |
| 125 g | 200 g | Zucker |
| 100 g | 150 g | Marzipan |
| 155 ml | 250 ml | Sahne |
| 2 EL | 1 | Päckchen Vanillepuddingpulver |

Die Torte am Vortag vorbereiten.
Den Backofen auf 180 Grad vorheizen. Den Boden einer Springform mit Backpapier auslegen. 80 g (125 g) Butter in einer Schüssel verquirlen. 80 g (125 g) Zucker einrieseln lassen und beides weißschaumig schlagen. Nach und nach die Eier unterrühren. Das Mehl mit dem Backpulver vermischen, unterheben und den Teig in die Springform streichen.
Restliche Butter und Zucker schmelzen, die Mandelblättchen zugeben. Puddingpulver mit der Milch verrühren, unter Rühren dazugießen und einmal aufkochen lassen (Bild 1). Die Mandelmischung auf dem Teig verteilen (Bild 2). Im vorgeheizten Backofen auf der 2. Schiene von unten 25–30 Minuten backen. Aus der Form lösen und über Nacht abkühlen lassen.
Für die Füllung den Rhabarber waschen, putzen und sehr fein würfeln (Bild 3). Mit Zucker vermengen (Bild 4) und über Nacht Saft ziehen lassen. Das Marzipan grob raspeln, zur Sahne geben und unter ständigem Rühren langsam aufkochen lassen, dann kalt stellen.
Am nächsten Tag den Rhabarber auf ein Sieb geben. 150 ml (250 ml) Rhabarbersaft abmessen und aufkochen. Das Vanillepuddingpulver mit 4 EL (6 EL) Wasser glatt rühren und den Saft damit andicken (Bild 5). Die Rhabarberstückchen sofort unterheben (Bild 6).
Den Boden waagerecht durchschneiden. Um die unterste Hälfte einen Tortenring setzen. Das Rhabarberkompott einfüllen, glatt streichen (Bild 7) und abkühlen lassen. Inzwischen die kalte Marzipansahne aufschlagen (Bild 8) und auf das Kompott streichen (Bild 9). Mit dem oberen Mandel-Krokant-Boden belegen. Mehrere Stunden kalt stellen.

Eine Springform mit Backpapier auslegen. Für den Boden die Kokos-Cookies in einen Gefrierbeutel geben und mit einem Nudelholz zerbröseln. Die Butter mit der weißen Kuvertüre in einer Schüssel über einem Wasserbad schmelzen (Bild 1). Die Kokos-Cookie-Brösel gut mit der Butter-Schokoladen-Mischung vermengen (2). Die Masse in die Springform geben, auf dem Boden verteilen (3) und gut andrücken. Für ca. 30 Minuten kalt stellen.

Inzwischen für die Frischkäsemousse die Gelatine in kaltem Wasser einweichen (4). Den Frischkäse mit Schmand, Gelierzucker, Zitronensaft und Vanillezucker gut verrühren. Die Sahne steif schlagen. Die Gelatine in einem Topf unter leichter Hitzezufuhr auflösen. 2 EL von der Frischkäsemasse in die Gelatine geben und gut verrühren, um die Temperatur anzugleichen (5). Anschließend die Gelatine unter ständigem Rühren langsam in die Frischkäsemasse geben. Die geschlagene Sahne unterheben und die Masse auf den Boden verteilen (6). Den Kuchen mindestens für 4 Stunden in den Kühlschrank stellen.

Vor dem Anrichten die Erdbeeren waschen, entkelchen und vierteln. Diese mit dem Puderzucker süßen und locker auf dem Kuchen verteilen.

Das Backpapier vorsichtig vom Tortenrand abziehen (7).

Den Rand locker mit Kokosraspeln bestreuen.

# Erdbeer-Kokos-Torte ohne Backen

**Für eine 26er Springform**

**Belag:**
800 g Erdbeeren
1 EL Puderzucker

**Boden:**
300 g Kokos-Cookies
75 g weiche Butter
150 g weiße Kuvertüre

**Frischkäsemousse:**
600 g Frischkäse
400 g Schmand
100 g Gelierzucker 1:1
4 EL Zitronensaft
2 Päckchen Vanillezucker
300 ml Sahne
5 Blatt Gelatine

**Außerdem:**
Kokosraspel

**Tipp:**
Der Rand der Torte kann noch mit Kokosraspeln bestreut werden. Weiße Schokoraspeln passen auch super auf die Erdbeeren.

Bei einem Sommerpicknick im Park werden Kühltasche und Picknickkorb zu den reinsten Schatzkisten. Da kommen lauter kleine Köstlichkeiten zum Vorschein, die man auf der ausgebreiteten Picknickdecke gut vom Partyteller oder direkt aus der Hand essen kann. Und gut gekühlte Getränke dürfen natürlich auch nicht fehlen!

# Picknick

## Vorbereitungsplan

**Tage vorher**

- ggf. Picknickdecke nähen
- Zwiebelconfit für Sandwiches zubereiten und kaltstellen
- Hirseküchlein mit Zucchini und Oliven backen und einfrieren
- Streusel für Mirabellen-Crumble backen und verpacken
- Mohngrissini backen und einfrieren

**Am Vortag**

- Würzigen Salat-Dip vorbereiten

**Am Morgen**

- Hirseküchlein auftauen
- Mohngrissini auftauen

**Vier Stunden vorher**

- Waldbeer-Eistee zubereiten, in Flaschen füllen und kalt stellen
- Mirabellencrumble zubereiten und abkühlen lassen

**Drei Stunden vorher**

- Kalte Gurkensuppe vorbereiten, in Flaschen füllen und kalt stellen
- Glasnudelsalat vorbereiten und getrennt samt dem Koriander kaltstellen

**Zwei Stunden vorher**

- Sandwiches mit Camembert und Zwiebelconfit herstellen und verpacken
- Mohngrissini aufbacken

**30 Minuten vor Aufbruch**

- Alle Speisen transportsicher und, wenn nötig, gekühlt verpacken

**Kurz vor Beginn**

- Picknick ausbreiten
- Koriander über Gurkensalat streuen

Alle Speisen und Getränke transportsicher verpacken, damit sie heil am Ort des Picknicks ankommen. Der Glasnudelsalat, ein echter Sommerhit, ist zum Beispiel sehr gut in einem Bügelglas aufgehoben.

# Dekotipp

## Picknickdecke selbst nähen

**Material:**

- je ein Stück Baumwollstoff (Oberstoff), Wachstuch (wasserabweisender Unterstoff) und eine dünne Fleecedecke (Füllstoff), je 150 x 180 cm
- Nähgarn (am besten in der Farbe des Baumwollstoffs oder des Wachstuches)
- Sprühkleber oder Vliesofix (150 x 180 cm),
- Stecknadeln, Schere, Maßband

**So geht's:**

1. Zunächst den Baumwollstoff auf die Größe 150 x 180 cm zurechtschneiden.

2. Den Sprühkleber oder das Vliesofix auf die linke (unschöne) Seite des Baumwollstoffes aufbügeln. Bei Verwendung von Vliesofix anschließend das Papier abziehen.

3. Die Fleecedecke auf die vorbereitete, linke (unschöne) Seite des Baumwollstoffes auflegen. Zum Fixieren einmal bügeln. Dann auf die Maße des Baumwollstoffes zurechtschneiden.

4. Alle vier Kantenseiten mit der Overlock versäubern, nach Belieben zusätzlich mit dem Zickzackstich abnähen.

5. Das Wachstuch ausbreiten, sodass die rechte (schöne) Seite obenauf liegt.

6. Die Baumwoll-Fleecedecken-Kombi mit der rechten (schönen) Baumwollstoffseite auf das Wachstuch legen (rechts auf rechts). Das Wachstuch zurechtschneiden und alle Kanten abstecken.

7. Alle vier Kanten mit einer geraden Naht steppen, die Nahtzugabe von je 1 cm beachten. Dabei für die Wendeöffnung ein Kante auf einer Länge von etwa 40 cm nicht abnähen, sondern offen lassen. Die Ecken in der Nahtzugabe schräg schneiden.

8. Die Innenseite durch die Wendeöffnung nach außen bringen.

9. Die Decke zurechtlegen, stecken und die Kanten etwa 2 cm breit abnähen.

10. Die Wendeöffnung von Hand oder mit der Nähmaschine zunähen.

11. Auf der Mittellinie der Decke fünf Punkte markieren. Diese Punkte etwa 2 cm breit abnähen, damit die Stoffe später nicht gegeneinander verrutschen. Nach Wunsch weitere Punkte markieren und abnähen.

Tipp:
Für Picknick, Ausflüge und Ferien-gefühl: Die farbenfrohe Picknickdecke hat eine wasserabweisende Unterseite.

# Kalte Gurkensuppe

**Für 6 Personen**

**2 ½ Gurken**
**1 Bund Dill**
**4 EL Joghurt, 3,5 % Fett**
**Salz**
**Zucker**
**frisch gemahlener Pfeffer**
**½ Zitrone**

Die Gurken waschen, halbieren und in grobe Stücke schneiden. Den Dill waschen, trockentupfen und die Blättchen abzupfen. Gurke, Dill und Joghurt fein pürieren und mit Salz, Zucker, Pfeffer und dem Saft der ½ Zitrone abschmecken. Für 2 Stunden kalt stellen. In kleinen Glasflaschen servieren.

# Glasnudelsalat mit Hähnchen

**Für 8 Personen**

**120 g Glasnudeln**
**400 g Hähnchenbrust**
**1 Möhre**
**1 Stange Lauch**
**1 rote Paprika**
**1 Chilischote**
**1 walnussgroßes Stück Ingwer**
**2 EL Pflanzenöl**
**Salz**
**frisch gemahlener Pfeffer**
**450 ml Hühnerbrühe**
**5 EL Sojasoße**
**5 EL süße Chilisoße**
**1 Limette**
**100 g Sojasprossen**
**2 EL Sesam**
**½ Bund Koriander**

Die Hähnchenbrust trockentupfen und in kleine Würfel schneiden. Möhre, Lauch, Paprika und Chilischote waschen, putzen und in feine Streifen schneiden. Den Ingwer schälen und fein reiben.
Das Öl in einer Pfanne erhitzen und die Hähnchenwürfel kurz darin anbraten. Die Gemüsestreifen und den Ingwer zugeben und kurz mit anschwitzen. Alles salzen, pfeffern und in eine Schüssel geben.
Die Hühnerbrühe mit der Sojasoße in der Pfanne aufkochen, die Glasnudeln zugeben und etwa 4 Minuten garen. Abgießen, gut abtropfen lassen und mit der Gemüse-Fleisch-Mischung vermengen.
Den Salat mit der süßen Chilisoße, dem Saft der Limette, Salz und Pfeffer abschmecken. Die Sojasprossen und den Sesam untermischen. Den Koriander waschen, trockentupfen und die Blättchen hacken. Möglichst getrennt in eine Frischhaltedose packen und erst vor dem Servieren über den Salat streuen.

TIPP Koriander hat einen sehr intensiven Geschmack. Wer ihn nicht mag, kann stattdessen glatte Petersilie verwenden. Sehr gut lassen sich für diesen Salat auch Reste von gegartem Hähnchenfleisch einsetzen.

# Hirseküchlein mit Zucchini und Oliven

**Für 12 Stück**

**75 g Hirse**
**1 Rolle Blätterteig, aus dem Kühlregal**
**150 g Zucchini**
**3 EL schwarze Oliven**
**50 g Parmesan**
**75 ml Sahne**
**1 Ei**
**Salz, Zucker, frisch gemahlener Pfeffer**
**frisch gemahlene Muskatnuss**

**Außerdem:**
**Fett für die Muffinförmchen**

Die Hirse in 150 ml kaltes Wasser geben und aufkochen, vom Herd nehmen und zugedeckt 20 Minuten quellen lassen. In der Zwischenzeit aus dem Blätterteig 12 Kreise von 10 cm Durchmesser ausstechen und in gefettete Muffinförmchen legen.
Den Backofen auf 170 Grad vorheizen.
Die Zucchini waschen, raspeln und gut ausdrücken. Die Oliven in Ringe schneiden. Den Parmesan reiben. Sahne und Ei verquirlen, mit der Hirse und der Hälfte des Parmesans vermengen und mit Salz, Zucker, Pfeffer und einer Prise Muskat würzen. Dann die Zucchini und die Oliven unterheben. Die Masse in die Förmchen füllen und den restlichen Parmesan darüberstreuen.
Im vorgeheizten Backofen 30–40 Minuten backen.

# Würziger Salat-Dip

**Für 6 Personen**

**2 Romanaherzen**
**3 Frühlingszwiebeln**
**2 Eier**
**2 Scheiben Toastbrot**
**1 EL Zitronensaft**
**Salz**
**frisch gemahlener Pfeffer**

1 Liter Wasser mit Salz zum Kochen bringen. Die Romanaherzen halbieren, den Strunk entfernen und die Blätter waschen. Die Frühlingszwiebeln putzen, waschen und dritteln. Den Salat zusammen mit den Frühlingszwiebeln blanchieren und in kaltem Wasser abschrecken. Auf einem Sieb abtropfen lassen und leicht andrücken, damit das restliche Wasser austritt. Währenddessen die Eier 12 Minuten kochen, abschrecken, pellen und abkühlen lassen. Salat, Frühlingszwiebeln, Eier und Toastbrot zu einem sämigen Dip pürieren. Mit Zitronensaft, Salz und Pfeffer abschmecken.

TIPP Er passt sehr gut zu den Mohngrissini (S. 64) oder zu den Hirseküchlein (S. 62).

# Mohngrissini

**Für ca. 30 Stück**

**35 g Mohn**
**250 g Mehl**
**1 TL Salz**
**50 g zimmerwarme Butter**
**1 Ei**
**100 ml lauwarme Milch**
**20 g Hefe**
**1 TL Zucker**

**Außerdem:**
**Mehl zum Bearbeiten**

Den Mohn mit Mehl und Salz in einer Schüssel mischen und die Butter und das Ei dazugeben. Die Milch mit der Hefe und dem Zucker verrühren. Zusammen mit der Mehlmischung zu einem glatten, geschmeidigen Teig verkneten.
Den Teig abgedeckt etwa 1 Stunde gehen lassen, bis er sein Volumen verdoppelt hat.
Den Backofen auf 220 Grad vorheizen. Den Teig nochmals gut durchkneten, zu einer Rolle formen und in walnussgroße Stücke teilen. Diese zu langen Stangen mit 1 cm Durchmesser rollen. Auf ein mit Backpapier ausgelegtes Backblech legen und mit Mehl bestäuben.
Die Mohngrissini im vorgeheizten Backofen 7–10 Minuten backen.

TIPP Sie können die fertigen Mohngrissini bis zu 4 Wochen einfrieren. Danach die gefrorenen Stangen 5–7 Minuten bei 170 Grad im Ofen aufbacken.

Die langen Mohngrissini lassen sich gut in Wein-Geschenktaschen transportieren. Sie passen sehr gut zur Kalten Gurkensuppe (S. 60) oder zum würzigen Salat-Dip (S. 63).

# Sandwiches mit Camembert und Zwiebelconfit

**Für 16 Stück**

**Sandwiches:**
**16 Scheiben Vollkorntoastbrot**
**2 Camemberts**
**4 Tomaten**
**4 Stiele Basilikum**
**250 g Rucola**
**Butter zum Bestreichen**

**Zwiebelconfit:**
**500 g Schalotten**
**80 g brauner Zucker**
**40 g Butter**
**300 ml trockener Rotwein**
**100 ml Aceto balsamico**
**Salz, frisch gemahlener Pfeffer**

**Außerdem:**
**Butterbrotpapier**

Für das Zwiebelconfit die Schalotten schälen, halbieren und in feine Streifen schneiden. Den Zucker in einer Pfanne karamellisieren, Schalotten und Butter unter Rühren dazugeben. Mit dem Rotwein und dem Balsamico ablöschen. Köcheln lassen, bis die Flüssigkeit reduziert und das Zwiebelconfit schön sämig ist. Mit Salz und Pfeffer abschmecken und abkühlen lassen.

Für die Sandwiches die Tomaten waschen und den Stielansatz entfernen. Jede Tomate in 8 Scheiben schneiden. Die Basilikumblätter abzupfen. Zusammen mit dem geputzten Rucola waschen und trockenschleudern. Den Camembert in Scheiben schneiden.

Alle Toastscheiben mit Butter bestreichen. Auf 8 Scheiben das Zwiebelconfit verteilen. Den Camembert, die Tomatenscheiben und den Salat auf das Confit schichten und mit je 1 Scheibe Toast belegen. Jedes Sandwich fest in Butterbrotpapier einpacken und mit einem scharfen Messer diagonal durchschneiden.

TIPP Stellen Sie direkt eine größere Menge Zwiebelconfit her. In einem Schraubglas ist es mehrere Wochen haltbar, und es schmeckt auch köstlich zu Rindfleisch oder Wild. Für die alkoholfreie Variante den Wein je zur Hälfte durch Brühe und roten Traubensaft ersetzen.

Der Waldbeer-Eistee schmeckt den Damen auch solo schon sehr gut. Aber an einem richtig heißen Sommertag erfrischt er mit Eiswürfeln oder Crushed Ice noch besser.

# Waldbeer-Eistee

**Für 1,2 Liter**

**5 TL Waldbeertee**
**200 ml Apfelsaft**
**½ l Mineralwasser mit Kohlensäure**
**1 unbehandelte Limette**
**4 Blätter Minze**

Den Waldbeertee in ein Teesieb geben, mit ½ l kochendem Wasser überbrühen, 10 Minuten ziehen lassen und das Teesieb entfernen. Den Tee kaltstellen. Anschließend mit Apfelsaft und Mineralwasser aufgießen. Die Limette waschen und achteln. Die Minzeblättchen abbrausen und zusammen mit den Limettenspalten in den Eistee geben.

# Mirabellencrumble im Glas

**Für 8 Gläschen**

**Kompott:**
**600 g Mirabellen**
**125 g Zucker**
**50 g Mandelblätter**
**150 ml lieblicher Weißwein oder Apfelsaft**
**1 TL Stärke**

**Streusel:**
**150 g Mehl**
**50 g gemahlene Mandeln**
**100 g Butter**
**80 g Zucker**
**1 Päckchen Vanillezucker**

**Außerdem:**
**150 g Joghurt, 3,5 % Fett**

Die Mirabellen waschen, halbieren und entsteinen. In einem Topf den Zucker karamellisieren lassen, die Mandelblätter zufügen, leicht rösten und alles mit dem Weißwein oder Apfelsaft ablöschen. Die Mirabellen dazugeben, aufkochen und ca. 5 Minuten köcheln lassen. Die Stärke mit etwas Wasser anrühren und das Mirabellenkompott damit binden. Abkühlen lassen.
Für die Streusel Mehl, gemahlene Mandeln, Butter, Zucker und Vanillezucker verkneten, bis der Teig krümelig ist.
In Folie wickeln und 1 Stunde im Kühlschrank kalt stellen.
Den Backofen auf 200 Grad vorheizen. Die Streusel auf einem mit Backpapier belegten Backblech verteilen und ca. 10 Minuten im vorgeheizten Backofen goldbraun backen.
Das Mirabellenkompott in kleine Gläschen füllen, je 1–2 EL Joghurt daraufgeben und die Streusel darüberstreuen.

TIPP Die Streusel können schon mehrere Tage im Voraus gebacken werden. In einer Blechdose gelagert bleiben sie schön knusprig.

Alle lieben Burger! Darum lassen wir eine Burgerparty steigen. Draußen steht ein Biergartentisch bereit, der eigens dafür gestaltet ist. Bei der Tischdeko wurden hipper Jeansstoff mit fröhlichen Accessoires in Bonbonfarben und passende Bierflaschenetiketten kombiniert. Und am Grill und auf dem Büfett ist vom Steakburger mit Kartoffelecken bis zum Veggi-Burger mit Sommersalat wirklich für jeden etwas dabei!

# Burgerparty

## Vorbereitungsplan

**Tage vorher**

- ggf. Biergartentisch gestalten
- Grillbrote und Brötchen für die Burger backen und einfrieren

**Am Vortag**

- Meerrettichsoße für Lachsburger zubereiten und kalt stellen
- Tsatsiki zubereiten und kalt stellen
- Balsamicozwiebeln für Steakburger zubereiten und kalt stellen
- Hamburgersoße für Gambaburger zubereiten und kalt stellen
- Aioli zubereiten und kalt stellen

**Drei Stunden vorher**

- Altbierbowle vorbereiten und kalt stellen

**Zwei Stunden vorher**

- Spanischen Sommersalat zubereiten
- Lammburger-Frikadellen zubereiten
- Gemüse, Kräuter, Käse etc. für Burger vorbereiten

**1 Stunde vorher**

- ggf. Grillgerät anheizen
- Gambas für Gambaburger marinieren und kalt stellen
- Ofengemüse für Veggi-Burger im Ofen backen
- Kartoffelecken vorbereiten

**30 Minuten vorher**

- Burgerzutaten auf dem Büfetttisch aufbauen
- Kartoffelecken im Ofen backen

**Kurz vor Beginn**

- Altbierbowle servierfertig machen

# Dekotipps

## Biergartentisch mit Schablonentechnik gestalten

**Material:**

- 80er- und 120er- Schleifpapier
- 1 l hochwertige Acrylfarbe für Außenanstriche für die Tischfläche, hier: Ultramarinblau
- 125 ml Acrylfarbe für Außenanstriche für die Beschriftung, hier: Petrol
- 1 Bleistift oder Folienstift
- 1 feine Schaumstoffrolle für Lackanstriche
- Ausdruck des BBQ-Schriftzugs in Originalgröße
- 1 Pinsel, 4 cm breit
- dünne Graupappe oder transparente Kunststoff-Folie in DIN-A4 für die Schablonen
- 1 Skalpell oder Teppichmesser (Cutter)
- Kreppklebeband von guter Qualität

**So geht's:**

1. Den Biergartentisch zuerst mit dem 80er- und dann mit dem 120er-Schleifpapier anschleifen. Mit einem weichen Tuch gründlich abwischen. Mithilfe der Schaumstoffrolle die Tischplatte samt Außenkanten gleichmäßig mit der dunkelblauen Acrylfarbe rollen und nach Herstelleranweisung komplett trocknen lassen. Den Vorgang wiederholen.
2. Die Vorlage für den BBQ-Schriftzug ausdrucken und spiegelverkehrt und mittig auf der Graupappe beziehungsweise der Folie anzeichnen. Mit dem Skalpell oder Teppichmesser das Innere der BBQ-Schriftzüge ausschneiden.
3. Die Schablonen mit der rechten Seite nach oben an den gewünschten Stellen mit dem Klebeband auf der Tischplatte anbringen und das Klebeband jeweils rundherum fest andrücken.
4. Mit einem Pinsel und petrolfarbenem Acryllack die Schriftzüge auf die Tischplatte übertragen. Nach Herstelleranweisung komplett trocknen lassen.

## Craftbeer-Etiketten

Die Anleitung dafür finden Sie unter www.einfachhausgemacht.de

# Lachsburger im Grillbrot

**Für 4 Stück**

**4 Lachsfilets, je 150 g**
**1 Rucola- oder Kressebeet**
**4 Kopfsalatblätter**
**Salz**
**frisch gemahlener Pfeffer**

**Meerrettichsoße:**
**2–3 EL Meerrettich, aus dem Glas**
**200 g saure Sahne**
**Salz**
**frisch gemahlener Pfeffer**

**Grillbrot:**
**500 g Weizenmehl**
**1 Päckchen Trockenhefe**
**1 TL Backpulver**
**½ TL Salz**
**1 gestr. EL Zucker**
**1 EL weiche Butter**
**1 TL Olivenöl**

**Außerdem:**
**Mehl zum Bearbeiten**
**Olivenöl zum Bepinseln**

Für das Grillbrot in einer Schüssel die Hälfte des Mehls mit Hefe, Backpulver, Salz und Zucker mischen. Butter, Olivenöl und 300 ml Wasser zugeben und alles mit dem Knethaken des Handrührers kneten, bis sich der Teig vom Schüsselrand löst. Zugedeckt an einem warmen, zugfreien Ort gehen lassen, bis sich sein Volumen verdoppelt hat. Das restliche Mehl zugeben und alles mit den Händen zu einem weichen Teig verkneten. In 8 gleich große Portionen teilen und mit bemehlten Händen zuerst zu Kugeln, dann zu ovalen, knapp 1 cm dicken Fladen formen. Mit einem Küchentuch abdecken und nochmals 10 Minuten gehen lassen.

Für die Meerrettichsoße den Meerrettich mit der sauren Sahne verrühren. Mit Salz und Pfeffer würzen.

Die Kräuter abschneiden und auf einem Teller bereitlegen.

Den Grill auf hohe Temperatur vorheizen und den Rost mit etwas Öl einpinseln.

Die Lachsfilets ggf. mit einem scharfen Messer von der Haut befreien, mit Salz und Pfeffer würzen, mit Öl einpinseln und von jeder Seite je nach Dicke 3–5 Minuten grillen. Sie sollen in der Mitte noch leicht glasig bleiben, damit sie schön saftig sind. Vom Grill nehmen und zugedeckt warm halten.

Inzwischen die Teigfladen auf einer Seite mit Öl einpinseln. Mit der geölten Seite auf den Grill legen und goldbraun rösten (Vorsicht: Sie verbrennen recht schnell!). Auf der zweiten Seite ebenfalls mit Öl einpinseln, wenden und auch auf dieser Seite goldbraun rösten. Vom Grill nehmen und längs halbieren.

Die Ober- und Unterseite von 4 Grillbroten von innen mit Meerrettichsoße bestreichen (die übrigen 4 anderweitig verwenden) und dann die unteren Seiten jeweils mit 1 Salatblatt und 1 Lachsfilet belegen. Jedes Lachsfilet mit Pfeffer übermahlen und dick mit Kresse bestreuen. Die Oberseite des Grillbrotes obenauf legen. Sofort servieren.

**Tipp:**
Die Grillbrote kann man auch gut auf dem Kontaktgrill oder in einer Grillpfanne garen.

Man kann sie auch an einer Seite aufschneiden und als Pita mit Fleisch, Gemüse und Soßen füllen.

Wenn Sie den Lachs schonend in einer Aluschale garen möchten, beträgt die Garzeit je nach Dicke 6–8 Minuten.

# Altbierbowle mit frischen Pfirsichen

**Für 8 Portionen**

**500 g Pfirsiche**
**150 ml Himbeersirup**
**4 Flaschen gut gekühltes Altbier à 0,33 l**
**8 Holzschaschlikspieße**

Die Pfirsiche halbieren, den Stein herauslösen, das Fruchtfleisch in grobe Würfel schneiden und in eine Schüssel geben. Mit dem Himbeersirup und 1 Flasche Altbier übergießen. Abgedeckt mindestens 2 Stunden im Kühlschrank ziehen lassen.
Die marinierten Früchte samt der Flüssigkeit auf 8 große Gläser verteilen und mit dem übrigen Altbier aufgießen. Die Holzspieße auf die Gläser verteilen und die Bowle sofort servieren.

# Lammburger mit Feta und Tsatsiki

**Für 4 Stück**

**1 Rezept Burgerbrötchen, siehe Steakburger, S. 82**

**Lammfrikadelle:**
**400 g Lammgehacktes, aus der Schulter**
**Salz**
**frisch gemahlener Pfeffer**
**½ TL Kreuzkümmel**
**1 TL Oregano**
**2 Fleischtomaten**
**¼ Salatgurke**
**100 g Feta**
**grünen Salat nach Belieben**
**Ketchup nach Belieben**

**Tsatsiki:**
**½ Salatgurke**
**Salz**
**200 g griechischer Joghurt, 10 % Fett**
**1 Knoblauchzehe**
**1 EL Olivenöl**
**1 TL Weißweinessig**
**frisch gemahlener Pfeffer**

Die Burgerbrötchen nach Rezept zubereiten. Für den Tsatsiki die Gurke grob in einen tiefen Teller raspeln. Mit Salz bestreuen und ziehen lassen. Gurkenraspeln sehr gut ausdrücken und in einer Schüssel mit dem Joghurt vermischen. Knoblauch schälen und dazupressen. Öl und Essig unterrühren. Den Tsatsiki mit Pfeffer würzen und mindestens 2 Stunden (am besten über Nacht) ziehen lassen.

Für die Lammfrikadelle das Gehackte kräftig mit Salz, Pfeffer, Kreuzkümmel und Oregano würzen und gut durchkneten. In 4 gleich große Portionen teilen, zu Kugeln formen und zu 2 cm dicken Burgern flach drücken. In die Mitte eine Vertiefung hineindrücken, damit sie sich beim Grillen nicht wölben.

Die Tomaten waschen, putzen und wie die gewaschene Gurke und den Feta in Scheiben schneiden. Den Salat waschen, trockentupfen und in mundgerechte Stücke teilen.

Den Grill auf hohe Temperatur vorheizen und den Rost mit etwas Öl einpinseln. Die Frikadelle darauflegen und auf jeder Seite in 2–3 Minuten medium oder in 5–6 Minuten ganz durchbraten. Inzwischen die Burgerbrötchen waagerecht aufschneiden, mit der Schnittfläche nach unten auf den Grill legen und goldbraun rösten. Auf jede Brötchenunterseite Salatblätter sowie 2–3 EL Tsatsiki verteilen und eine Lammfrikadelle darauflegen. Nacheinander Tomaten-, Gurken- und Fetascheiben, 2–3 EL Tsatsiki und Ketchup nach Belieben darauf verteilen. Die Brötchenoberseite obenauf setzen. Sofort servieren.

**Tipp:**
Anstelle der Burgerbrötchen passen auch türkische Minifladenbrote sehr gut.

# Würzige Kartoffelecken mit Aioli

**Für 3–4 Personen**

**Kartoffelecken:**
**900 g festkochende Kartoffeln**
**4 EL Rapsöl**
**1 EL Paprika edelsüß**
**1 TL Meersalz**

**Aioli:**
**2 Knoblauchzehen**
**100 ml zimmerwarme Milch**
**¼ l zimmerwarmes Öl, z. B. ½ Sonnenblumenöl/ ½ Olivenöl**
**Salz**
**1 Prise Zucker**
**1 Spritzer Zitronensaft**

Den Backofen auf 200 Grad Umluftgrillen (220 Grad Ober- und Unterhitze) vorheizen. Ein Backblech mit Backpapier auslegen.

Für die Kartoffelecken die Kartoffeln schälen, waschen und in Spalten schneiden. Auf einem sauberen Tuch trockenreiben. Das Öl mit Paprika verrühren und die Kartoffelecken damit marinieren. Auf dem Backblech verteilen, mit Meersalz bestreuen und im vorgeheizten Backofen 20–25 Minuten backen.

In der Zwischenzeit für die Aioli die Knoblauchzehen schälen und mit einem großen Messer flach drücken. In die Milch geben und pürieren. Das Öl in einem dünnen Strahl zulaufen lassen und weitermixen, bis die Aioli eine cremige Konsistenz hat. Mit Salz, Zucker und Zitronensaft abschmecken

# Mediterraner Veggie-Burger

Den Backofen auf 200 Grad vorheizen. Paprika waschen, vierteln, entkernen und in Stücke scheiden. Zucchini und Aubergine waschen, putzen und in gut ½ cm dicke Scheiben schneiden. Knoblauch und Zwiebeln schälen und die Zwiebeln in Achtel schneiden. Rosmarin und Thymian abbrausen, trockentupfen und in Stücke zupfen.
Ein Backblech mit Olivenöl einpinseln. Paprika, Zucchini, Aubergine, Knoblauch und Zwiebeln darauf verteilen, salzen, pfeffern. Die Auberginenscheiben auf der Oberseite mit Olivenöl einpinseln. Die Kräuterzweige darauf verteilen. Das Gemüse im vorgeheizten Ofen 25 Minuten rösten, dabei einmal wenden, herausnehmen.
Den Halloumi in ½ cm dicke Scheiben schneiden.
Den Grill auf hohe Temperatur vorheizen und den Rost mit etwas Öl einpinseln. Die Halloumischeiben auf den Rost legen und auf beiden Seiten goldbraun rösten. Die Weißbrotscheiben ebenfalls auf den Grill legen und goldbraun rösten.
Jeweils 4 Brotscheiben großzügig mit Barbecuesoße bestreichen und jeweils ¼ des Ofengemüses daraufschichten. Die übrigen Brotscheiben mit der Aioli bestreichen und obenauflegen. Sofort servieren.

**Für 4 Stück**

**1 Rezept Aioli, S.77**
**8 runde Scheiben kompaktes Weißbrot**
**1 große Paprikaschote**
**1 große Zucchini**
**1 große Aubergine**
**5 Knoblauchzehen**
**2 Zwiebeln**
**3 Zweige Rosmarin**
**4 Zweige Thymian**
**4–5 EL Olivenöl**
**Salz**
**frisch gemahlener Pfeffer**
**250 g Halloumi**
**Barbecuesoße**

# Gamba-Burger

**Für 4 Stück**

**1 Rezept Burgerbrötchen,**
**siehe Steakburger, S. 82**
**12 große Gambas**
**1 unbehandelte Limette**
**1 Knoblauchzehe**
**Salz**
**frisch gemahlener Pfeffer**
**2 Zucchini**
**4 Kopfsalatblätter**

**Hamburgersoße:**
**1 Zwiebel**
**250 g Salatmayonnaise**
**3 EL Gurken-Relish**
**1 EL milder Weißweinessig**
**1 gestr. TL Zucker**
**Salz, frisch gemahlener Pfeffer**

**Außerdem:**
**4 Holzspieße**
**Öl zum Bepinseln**

Die Burgerbrötchen nach Rezept vorbereiten.

Die Gambas waschen, trockentupfen, schälen und vom Darm befreien. Die Schale der Limette fein abreiben und den Saft auspressen. Den Knoblauch schälen und durchpressen. Mit Limettenschale und -saft in eine flache Schale geben und salzen und pfeffern. Die Gambas bis zum Grillen darin marinieren.

Die Zucchini waschen, putzen und in 3–4 mm dicke Scheiben schneiden. Die Salatblätter waschen, putzen, trockentupfen und ggf. in mundgerechte Stücke zupfen.

Für die Hamburgersoße die Zwiebel schälen und sehr fein würfeln. In einer Schüssel mit der Mayonnaise und dem Gurken-Relish verrühren. Mit Essig, Zucker, Salz und Pfeffer würzen.

Den Grill auf hohe Temperatur vorheizen und den Rost mit etwas Öl einpinseln. Die Gambas mit Küchenpapier trockentupfen, auf die Holzspieße stecken und rundherum mit Olivenöl einpinseln. Die Zucchinischeiben ebenfalls mit Öl einpinseln, salzen und pfeffern. Gambaspieße und Zucchini auf den Rost legen und auf jeder Seite in ca. 2–3 Minuten garen, warm halten.

Inzwischen die Burgerbrötchen halbieren, mit der Schnittfläche nach unten auf den Grill legen und goldbraun rösten.

Jede Brötchenhälfte mit Hamburgersoße bestreichen. Abwechselnd Salatblätter, Zucchinischeiben und Gambas auf den Burgerunterseiten verteilen. Die Oberseite obenauf setzen. Sofort servieren.

# Steakburger mit Balsamicozwiebeln, Rucola und Erdbeeren

**Für 4 Stück**

**2 ca. 1,5 cm dicke Rumpsteaks, je 180–200 g**
**ca. 50 g Rucola**
**ca. 150 g Erdbeeren**

**Burgerbrötchen:**
**500 g Mehl Typ 550**
**1 TL Salz**
**½ Würfel Hefe**
**2 TL Zucker**
**150 ml lauwarme Milch**
**2 TL zimmerwarme Butter**
**2 EL ungeschälter Sesam**

**Balsamicozwiebeln:**
**300 g kleine Zwiebeln**
**2 EL Pflanzenöl**
**3–4 EL brauner Zucker**
**150 ml weißer Balsamicoessig**
**200 ml Gemüsebrühe**
**Salz**
**frisch gemahlener Pfeffer**
**1 TL Speisestärke**

**Außerdem:**
**Mehl zum Bearbeiten**
**Öl zum Braten**

Für die Burgerbrötchen das Mehl mit dem Salz vermengen. Hefe und Zucker in der Milch auflösen. Mit der Mehlmischung, Butter und 150 ml lauwarmem Wasser 5 Minuten kräftig verkneten, bis ein geschmeidiger Teig entstanden ist. Abgedeckt 60 Minuten gehen lassen.

Den Teig kurz durchkneten. In 8 gleich große Stücke teilen, zu Kugeln formen und diese zu 2 cm dicken, runden Fladen flach drücken. Mit etwas Wasser bepinseln und in Sesam wenden. Mit Abstand auf ein mit Backpapier ausgelegtes Backblech legen und 30 Minuten zugedeckt gehen lassen.

Inzwischen den Backofen auf 180 Grad vorheizen. Die Burgerbrötchen im vorgeheizten Backofen ca. 25 Minuten backen.

Für die Balsamicozwiebeln die Zwiebeln schälen und in Ringe schneiden. Das Öl in einer Pfanne erhitzen und die Zwiebelringe darin bei mittlerer Hitze langsam goldgelb braten. Den Zucker darüberstreuen und karamellisieren lassen. Mit dem Balsamico und der Gemüsebrühe ablöschen. Mit Salz und Pfeffer würzen und die Zwiebeln in ca. 10 Minuten weich dünsten. Die Stärke mit etwas Wasser anrühren und die Balsamicozwiebeln leicht binden, bereitstellen.

Den Rucola und die Erdbeeren waschen, abtropfen lassen und putzen. Die Früchte in dünne Scheiben schneiden.

Den Grill auf hohe Temperatur vorheizen und den Rost mit etwas Öl einpinseln. Bei Bedarf die Fettschicht der Rumpsteaks einschneiden. Die Steaks auf den Rost legen und auf jeder Seite in 5–6 Minuten medium oder in 7–8 Minuten durchbraten.

Auf einem Teller mit Alufolie abdecken und etwa 5 Minuten ruhen lassen, danach halbieren.

Inzwischen 4 Burgerbrötchen halbieren (die übrigen 4 anderweitig verwenden), mit der Schnittfläche nach unten auf den Grill legen und goldbraun rösten. Auf jede Brötchenunterseite etwas Rucola verteilen, eine Steakhälfte darauflegen, kräftig salzen und pfeffern. Erdbeeren, Balsamicozwiebeln und erneut etwas Rucola darauf verteilen. Die Brötchenoberseite obenauf setzen. Die Burger sofort servieren.

**Tipp:**
Es lohnt sich, die Burgerbrötchen auf Vorrat zu machen und einzufrieren. Die Balsamicozwiebeln passen zu (fast) allen Burgern mit Fleisch und Gemüse.

# Spanischer Sommersalat

**Für 4 Personen**

**2 rote Paprikaschoten**
**400 g Fleischtomaten**
**1 kleine Salatgurke**
**1 Zwiebel oder Schalotte**
**1 Knoblauchzehe**
**2 EL Sherryessig**
**6 EL Olivenöl**
**Salz**
**frisch gemahlener Pfeffer**
**2 Stiele Petersilie**

Die Paprikaschoten und die Tomaten waschen, vierteln und entkernen. Die Gurke waschen, schälen, längs halbieren und die Kerne ebenfalls entfernen. Die Zwiebel und den Knoblauch schälen. Das vorbereitete Gemüse in sehr feine Würfel schneiden und in eine Schüssel füllen. Essig, Olivenöl, Salz und Pfeffer zu einem Dressing verrühren und mit dem Salat vermischen.
Mit Folie abdecken und im Kühlschrank 30 Minuten durchziehen lassen. Vor dem Servieren nochmals abschmecken. Die Petersilie waschen, trockentupfen, die Blätter abzupfen und den Salat damit garnieren.

Heute ist Ladies Night! Schon am Nachmittag werden im Garten eine improvisierte Cocktailbar, Stehtische und für eine willkommene Abkühlung ein kleines Planschbecken aufgebaut. Und dann wird die Freiluft-Cocktail-Lounge hübsch mit frischen Blumen und poppig-bunten Accessoires dekoriert. In diesem Ambiente lässt sich mit gut gekühlten Cocktails und originellem Fingerfood der Sommer so richtig schön feiern!

# Cocktailparty

## Vorbereitungsplan

**Am Morgen**

- Eiswürfel und Crushed Ice besorgen und in das Gefriergerät legen
- Alle benötigten Getränke (Prosecco, Ginger Ale etc.) kalt stellen

**Sechs Stunden vorher**

- Couscoussalat zubereiten und kaltstellen
- Tischdeko basteln, Tische, Theke und Planschbecken aufbauen

**Drei Stunden vorher**

- Tomaten-Lauch-Muffins mit Frischkäsefüllung zubereiten
- Feta für Griechische-Salat-Spieße marinieren

**1 Stunde vorher**

- Griechische-Salat-Spieße fertigstellen
- Garnituren für Cocktails vorbereiten
- Gläser, Utensilien und Garnituren für den Barkeeper bereitstellen

**30 Minuten vorher**

- Sahne für Eiskalte Liebe halbfest schlagen

**Kurz vor Beginn**

- Couscoussalat servierfertig machen
- Crushed Ice und Eiswürfel bereitstellen
  Erste Cocktails nach Bedarf trinkfertig machen

tut gut

# Dekotipp

## Servietten und Teelichter mit Strohhalmen und Dekoschirmchen

**Material:**
- bunte Trinkhalme mit Knick
- einfache Trinkgläser oder Teelichter
- Haushaltsgummibänder
- Klebestreifen
- etwas Bastband in passender Farbe
- Papierservietten, ca. 21 x 21 cm
- Dekoschirmchen
- Schere
- Klebepistole

**So geht's:**
**Teelichter:** Ein Gummiband über ein Trinkglas ziehen. Nach und nach die Strohhalme zwischen Glas und Gummi klemmen und gegebenenfalls mit einem durchsichtigen Klebestreifen fixieren. Mit einem Bastband umwickeln und verknoten. Strohhalme in unterschiedlichen Längen wirken besonders attraktiv.
**Serviettenringe:** Die Servietten zu einem schmalen Rechteck falten. Zwei Trinkhalme darum herumknicken und mit einem Klebetropfen aus der Klebepistole fixieren. Vorsicht: sehr heiß! Ein Dekoschirmchen in das Ende eines Halms stecken.

## Cocktailschirmchen

**Material**
- bunte Trinkhalme mit Knick
- Papiermuffinförmchen in passenden Farben
- bunter Filzstift nach Belieben
- Schere
- Klebestreifen

**So geht's**
In den Boden eines Papiermuffinförmchens mittig ein Kreuz schneiden und es über einen Trinkhalm ziehen. Mit der Schere Zacken oder Rundungen hineinschneiden. Gegebenenfalls mehrere so gestaltete Muffinförmchen übereinander auf den Trinkhalm stecken. Nach Belieben mit dem Namen eines Gastes beschriften. Alternativ ein in der Mitte gefaltetes Muffinförmchen dicht um den Strohhalm herumlegen, sodass eine Art geschlossene Blüte entsteht, und mit einem Klebestreifen fixieren.

Ist jedes Glas individuell gestaltet, findet jeder Gast sein Getränk immer leicht wieder. Und sind die Papiermuffinförmchen groß genug, halten sie außerdem auch noch Insekten ab.

# Couscoussalat im Glas

**Für ca. 10 Gläschen à 100 g**

**150 g Couscous**
**1 Zwiebel**
**1 kleine Zucchini**
**1 Paprikaschote**
**5 Datteln**
**5 EL Olivenöl**
**ca. 300 ml kochende Gemüsebrühe**
**2 TL Ras el Hanout**
**5 EL weißer Balsamico**
**½ Bund Petersilie**
**100 g Naturjoghurt**
**Salz, frisch gemahlener Pfeffer**

Die Zwiebel schälen und fein hacken. Die Zucchini und die Paprika waschen, putzen und in kleine Würfel schneiden. Die Datteln entkernen und ebenfalls klein würfeln.
2 EL Olivenöl in einer Pfanne erhitzen und die Zwiebel kurz anschwitzen. Zucchini und Paprika zugeben und wenige Minuten mitschwitzen. Mit der Gemüsebrühe nach Packungsanweisung übergießen. Ras el Hanout zugeben und kurz aufkochen.
Den Couscous mit den Datteln in eine Schüssel geben und mit der Gemüsemischung samt Brühe übergießen.
5 Minuten zugedeckt quellen lassen. Danach den Couscous mit dem restlichen Olivenöl und dem Balsamico vermengen. Abkühlen lassen.
Die Petersilie abbrausen, trockentupfen, die Blätter von den Stängeln zupfen und in feine Streifen schneiden. Einige Streifen für die Garnitur beiseitelegen, den Rest unter den Salat mischen und ihn mit Salz und Pfeffer würzen.
Den Couscoussalat in kleine Gläschen füllen. Mit einem Klecks Joghurt und einem Petersilienblatt garnieren. Bei Zimmertemperatur servieren.

# Tomaten-Lauch-Muffins mit Frischkäsefüllung

**Für ca. 30 Mini-Muffins**

**200 g getrocknete eingelegte Tomaten**
**100 g Frühlingszwiebeln**
**150 g weiche Butter**
**200 g Crème fraîche**
**2 Eier**
**3 EL Milch**
**2 Knoblauchzehen**
**200 g Frischkäse**
**Salz, frisch gemahlener Pfeffer**
**250 g Mehl**
**2 gehäufte TL Backpulver**
**Öl zum Einfetten**

Den Backofen auf 180 Grad vorheizen. Die Muffinförmchen leicht mit Öl einfetten. Die eingelegten Tomaten abtropfen lassen und klein hacken. Die Frühlingszwiebeln waschen, putzen und in feine Ringe schneiden.
Die Butter mit der Crème fraîche, den Eiern und der Milch glatt rühren. Den Knoblauch schälen, dazupressen, mit 1 ½ TL Salz und 1 Prise Pfeffer zur Masse geben und untermengen.
Das Mehl mit dem Backpulver vermischen, dazugeben und alles zu einem sämigen Teig vermengen. Die Tomaten und die Frühlingszwiebeln unterheben und die Muffinförmchen zu ¾ mit dem Teig füllen. Den Backofen auf 170 Grad herunterschalten und die Muffins darin 20–30 Minuten backen. Herausnehmen und auf einem Kuchengitter abkühlen lassen.
Inzwischen den Frischkäse mit Salz und Pfeffer würzen. Die Muffins waagerecht halbieren, mit etwas Frischkäse bestreichen und die Deckel wieder passgenau aufsetzen.

# Griechische-Salat-Spieße

**Für ca. 15 Spieße**

**je 1 rote und gelbe Paprikaschote**
**200 g Feta**
**1 kleine Salatgurke**
**10 Cherrytomaten**
**1 kleine rote Zwiebel**
**3 Petersilienststängel**
**30 Oliven**
**4 EL Olivenöl**
**2–3 EL weißer Balsamico**
**Salz**
**frisch gemahlener Pfeffer**
**15 Holzspieße**

Die Paprika waschen, entkernen und wie den Feta in ca. 2 Zentimeter große Würfel schneiden. Die Gurke waschen, längs halbieren und in Streifen schneiden. Die Cherrytomaten waschen, putzen und halbieren. Die Zwiebel schälen und möglichst fein würfeln. Die Petersilie abbrausen, trockentupfen, die Blätter von den Stängeln zupfen und fein hacken. Alle vorbereiteten Zutaten mit den Oliven in eine Schüssel geben. Mit dem Olivenöl, Essig, Salz und Pfeffer marinieren und kräftig würzen. Den Salat nur vorsichtig vermengen, damit der Feta nicht zerbröselt, und 1–2 Stunden durchziehen lassen. Die marinierten Zutaten abwechselnd auf die Spieße stecken und mit etwas Dressing beträufeln.

Eisgekühlte Cocktails – cremig oder fruchtig, mit oder ohne Alkohol: Da ist für jede Lady etwas dabei.

# Kokos-Cocktail

**Für 1 Cocktailglas**

**60 ml Batida de Coco**
**1 Limette**
**20 g Kokosraspeln**
**100 ml Kokosmilch**
**20 ml süße Kondensmilch**
**Crushes Ice**

Von der Limette eine Scheibe abschneiden und sie ca. 1 ½ cm tief einschneiden. Mit der restlichen Limette leicht den Rand des Glases anfeuchten. Die Kokosraspeln auf einen flachen Teller geben und den Glasrand darin hin- und herdrehen. Die Limettenscheibe an den Glasrand hängen. Das Glas zu ¼ mit Crushed Ice füllen. Die restlichen Zutaten mit 2 EL Limettensaft mit dem Pürierstab kräftig aufmixen und den Cocktail in das Cocktailglas füllen.

# Orangen-Prosecco-Spritzer

**Für 1 Weißweinglas**

**1 Orange**
**20 ml Grand Manier**
**1 Stängel Minze**
**gekühlter Prosecco zum Auffüllen**

Die Orange halbieren und auspressen. Zusammen mit dem Grand Manier in ein Weißweinglas geben. Die Minze abbrausen, trockentupfen und mit 4–5 Eiswürfeln dazugeben. Mit dem Prosecco auffüllen.

# Rhabarber-Ginger-Cocktail

**Für 1 Cocktailglas**

**70 ml Rhabarbersaft**
**1 daumengroßes Stück Ingwer**
**70 ml Ginger Ale**
**30 ml Tequila**
**5–6 Eiswürfel**

Ein Glas mit Eiswürfeln füllen. Den Ingwer schälen, in Scheiben schneiden und dazugeben. Mit dem Ginger Ale und dem Tequila auffüllen und leicht umrühren.

# Vanille-Cuba-Libre

**Für 1 Cocktailglas**

**½–1 Limette**
**50 ml weißer Rum (Havanna Club)**
**100 ml Coca-Cola Vanilla**
**Eiswürfel nach Belieben**

Die Limettenhälfte vierteln und im Glas mit einem Stößel auspressen. Den weißen Rum dazugeben und mit einem Löffel umrühren. Eiswürfel dazugeben. Nach Belieben noch ein paar Limettenspalten hinzufügen. Mit der Coca-Cola Vanilla aufgießen und leicht umrühren.

# Eiskalte Liebe

**Für 1 Cocktailglas**

**100 ml Himbeersaft, ersatzweise Erdbeersaft**
**40 ml Wodka**
**50 ml Mineralwasser**
**30 g Sahne**
**Crushed Ice**

Ein Glas zu ¼ mit Crushed Ice füllen, mit Himbeersaft, Wodka und Mineralwasser aufgießen. Einmal umrühren. Die Sahne halbsteif schlagen und mit einem Esslöffel vorsichtig als Haube auf den Cocktail geben.

Lassen Sie sich einfach von der großen Oktoberfestwelle mittragen. Dazu schlagen wir vor, ein passendes Zelt aufzubauen und es mit knallroten Geranien, Lederhosengirlande sowie Platzsets und Servietten mit Trachtenelementen zu dekorieren. Ein Büfett mit bayerischen Schmankerln rundet das Fest kulinarisch ab. Und dann kann man es in Dirndl und Lederhose so richtig krachen lassen! Was für eine zünftige Gaudi!

# Oktoberfest

# Vorbereitungsplan

**Tage vorher**

- Oktoberfestsenf zubereiten
- ggf. Tischsets und Servietten nähen

**Am Vortag**

- Obatzder zubereiten und kalt stellen
- TK-Brezeln für Salat mit Brezelcroûtons backen
- Topfenstrudel backen und kalt stellen
- Getränke kalt stellen

**Zwei Stunden vorher**

- Bayerischen Wurstsalat zubereiten
- TK-Brezeln im Ofen backen
- Tische dekorieren, Büfett aufbauen

**Eineinhalb Stunden vorher**

- Leberkäse im Ofen backen
- Salat mit Brezelcroûtons zubereiten
- Hendl-Keulchen aus dem Ofen würzen

**30 Minuten vorher**

- Hendl-Keulchen im Ofen backen

**Kurz vor Beginn**

- Biercocktail servierbereit machen

**Gegen Ende**

- Topfenstrudel kurz im Ofen aufbacken

# Dekotipps

## Platzsets und Stoffservietten

**Material:**

- fester Jute- oder grober Leinenstoff
- verschiedene Zierbordüren und Trachtenbänder
- kleinkarierter Baumwollstoff (Vichykaro) in verschiedenen Farben
- Zickzackschere
- farblich passendes Garn

**So geht's:**

**Sets:** Den Stoff mit der Zickzackschere auf 39 x 31 cm zuschneiden. Mit der Nähmaschine Zierbordüren, Trachtenbänder und Stoffreste nach Belieben daraufnähen.

**Servietten:** Den Stoff mit der Zickzackschere auf 30 x 30 cm zuschneiden. Die Stoffränder an der Nähmaschine mit Zickzackstich einfassen. Passend zum Platzset mit einem hübschen Trachtenband versehen.

## Dekoflasche

**Material pro Flasche:**

- fester Jute- oder grober Leinen-stoff, 25,5 x 7,5 cm
- eine hübsche Patchworknadel
- ca. 28 cm Trachten-band

**So geht's:**

Den Jute- oder Leinenstoff mit der Zickzackschere auf die passende Größe zuschneiden. Mittig waagerecht so um die Bierflasche legen, dass sich die Enden überlappen. Diese mit der Patchworknadel fixieren. Mit einer Schleife aus Trachtenband verzieren.

## Lederhosengirlande

**Material:**

- brauner Fotokarton
- Kreidedekostifte weiß und hellgrün
- Schere
- Lederband in der gewünschten Länge der fertigen Girlande plus 30 cm

**So geht's:**

Unsere Lederhosen sind etwa 30 cm breit und 35 cm lang. Die Umrisse, Nähte und Stickereien einer kurzen bayrischen Lederhose auf den Fotokarton zeichnen. Kurz unterhalb des Bündchens und mit wenigen Zentimetern Abstand zum rechten und linken Hosenrand zwei kleine Löcher in den Karton bohren. Auf beiden Seiten der Hose das Lederband von hinten durch die Löcher stecken und vorne mit einem Knoten versehen. Die nächste Lederhose am anderen Ende des Lederbandes festknoten. So fortfahren, bis die gewünschte Länge Ihrer Lederhosengirlande erreicht ist.

# Biercocktail

**Für 8 Personen**

**4 Flaschen alkoholfreies Hefeweizen**
**1 unbehandelte Zitrone**
**600 ml Maracujasaft**
**8 Stiele Zitronenmelisse**
**Eiswürfel**
**4 Strohhalme**

Die Zitrone waschen, trockentupfen und in Scheiben schneiden. Die Zitronenmelisse waschen und trockentupfen. Die Zitronenmelisse und Zitronenscheiben in 8 große Cocktailgläser verteilen. Mit einem Stößel einige Male andrücken. 3–4 Eiswürfel in jedes Glas geben und mit dem Maracujasaft übergießen. Mit dem Hefeweizen auffüllen und mit einem Strohhalm servieren.

# Salat mit Brezelcroûtons

**Für 8 Personen**

**3 Bund Radieschen**
**400 g Gouda**
**2 rote Zwiebeln**
**300 g gemischter Blattsalat (z. B. Kopfsalat, Radicchio, Chicorée, Feldsalat)**
**4 Brezeln vom Vortag**
**5 EL Weißweinessig**
**1 TL Senf**
**2 TL Zucker**
**4 EL Olivenöl**
**Salz**
**frisch gemahlener Pfeffer**
**2 EL Butter**

Die Radieschen putzen, waschen und in Scheiben schneiden. Den Gouda würfeln. Die Zwiebeln schälen und in dünne Ringe schneiden. Den Blattsalat putzen, waschen, trockenschleudern und in mundgerechte Stücke zupfen. Alle vorbereiteten Zutaten in eine große Schüssel geben. Den Weißweinessig mit Senf, Zucker, etwas Salz und Pfeffer verrühren, Olivenöl unterschlagen. Das Dressing über den Salat verteilen und vorsichtig unterheben. Kurz durchziehen lassen.
In der Zwischenzeit die Brezeln in Stücke schneiden. Die Butter in einer Pfanne erhitzen und die Brezelstücke darin goldbraun und knusprig braten. Den Salat mit den Brezelcroûtons bestreuen und servieren.

# Bayerischer Wurstsalat

**Für 8 Personen**

**600 g Lyoner oder andere Fleischwurst, in Scheiben**
**1 Gemüsezwiebel**
**6 Gewürzgurken, 350 g**
**100 ml Weißweinessig**
**2 EL Sonnenblumenöl**
**200 ml Wasser**
**1 EL süßer Senf**
**Zucker**
**Salz**
**frisch gemahlener Pfeffer**
**1 Bund Schnittlauch**

Die Lyoner in feine Streifen schneiden. Die Gemüsezwiebel schälen und in dünne Scheiben schneiden. Die Gewürzgurken in Streifen schneiden. Die vorbereiteten Zutaten in eine Schüssel geben.

Weißweinessig, Sonnenblumenöl, Wasser und Senf zu einer Marinade verrühren. Mit Zucker, Salz und Pfeffer würzen. Die Marinade über dem Wurstsalat verteilen und abgedeckt 2 Stunden im Kühlschrank durchziehen lassen.

Vor dem Servieren den Schnittlauch abbrausen, trockentupfen, in feine Röllchen schneiden und den Salat damit bestreuen.

# Obatzder

**Für 8 Personen**

**2 milde Camemberts**
**150 g Doppelrahmfrischkäse**
**50 g Butter**
**1 TL Paprikapulver, edelsüß**
**frisch gemahlener Pfeffer**
**1–2 TL Kümmel, nach Belieben**

Den Camembert klein schneiden. Mit dem Frischkäse und der Butter in eine Schüssel geben. Alles in der Küchenmaschine oder mit den Schneebesen des Handrührgerätes zu einer cremigen, feinstückigen Masse verarbeiten. Mit dem Paprikapulver und etwas Pfeffer würzen.

TIPP Noch würziger wird der Obazder, wenn man einen Cambembert durch einen entrindeten Limburger Käse ersetzt.

# Hendl-Keulchen aus dem Ofen

**Für 8 Personen**

**16 Hendl-Unterkeulen**
**1–2 TL Salz**
**frisch gemahlener Pfeffer**
**1 TL Majoran, gerebelt**
**2 EL Butter**
**1 TL Paprikapulver edelsüß**

Den Backofen auf 230 Grad Umluftgrillen vorheizen. Die Unterkeulen gründlich trockentupfen. Die Hähnchenhaut glatt streichen. Die Keulen mit Salz, Pfeffer und Majoran würzen und auf das Ofengitter legen. Das Gitter auf ein Backblech setzen, in den Backofen schieben (3. Einschub von unten) und die Keulen 20 Minuten garen. Inzwischen die Butter schmelzen, vom Herd nehmen und das Paprikapulver unterrühren. Die Hähnchenkeulen nach 20 Minuten damit bestreichen und in weiteren 5–8 Minuten goldbraun grillen.

Tipp:
Man rechnet pro Kilogramm Leberkäsbrät 1 Stunde Backzeit.

# Frisch gebackener Leberkäs' mit Oktoberfestsenf

**Für 8 Personen**

**1 kg frisches Leberkäsbrät in der Aluschale (beim Metzger zum Selbstbacken vorbestellen)**
**100 g Senfsamen, hell**
**10 g Senfsamen, dunkel**
**40 g Zucker**
**1 TL Salz**
**150 ml Oktoberfestbier, ersatzweise ein anderes helles Bier**
**50 ml Branntweinessig**

2–3 Tage vor dem Verzehr die Senfsamen 1 Stunden ins Gefrierfach legen, anschließend im Mixer so feinkörnig zermahlen, dass die Struktur der Körner noch zu erkennen ist.
Das Oktoberfestbier kurz aufkochen und über das Senfmehl gießen. 5 Minuten stehen lassen. Den Essig, den Zucker und das Salz zugeben und die Mischung in der Küchenmaschine 5 Minuten rühren.
In saubere Gläser abfüllen und den Senf 2–3 Tage durchziehen lassen.
Den Backofen auf 180 Grad vorheizen. Den Leberkäse in den vorgeheizten Backofen stellen und etwa 1 Stunde backen. Den Senf dazu reichen.

# Topfenstrudel mit Rosinen

**Für 2 Strudel**

**Teig:**
150 g Mehl
½ TL Salz
2 TL Sonnenblumenöl

**Füllung:**
4 Eier
1 unbehandelte Zitrone
150 g Butter
145 g Zucker
1 EL Vanillezucker
500 g abgetropfter Topfen, ersatzweise Quark mit 10 % Fett
300 g Sauerrahm
60 g Mehl
50 g Rosinen
1 Prise Salz
80 g flüssige Butter

**Außerdem:**
Sonne1nblumenöl zum Bestreichen
1 frisches Geschirrtuch
Mehl zum Ausrollen
Puderzucker zum Bestäuben

Für den Teig das Mehl mit dem Salz in einer Schüssel mischen. Das Sonnenblumenöl und 100 ml Wasser zugeben und alles zu einem glatten geschmeidigen Teig verkneten. Falls nötig, noch etwas Mehl einarbeiten. Den Teig zur Kugel formen und in eine leicht eingeölte Schüssel legen. Die Oberfläche des Teigs ebenfalls mit Öl bestreichen und ihn abgedeckt 2–3 Stunden ruhen lassen.

Für die Füllung die Eier trennen. Eiweiß beiseitestellen. Die Schale von der Zitrone abreiben. Die Butter mit 25 g Zucker, Vanillezucker und Zitronenschale schaumig rühren. Das Eigelb nach und nach zugeben. Topfen, Sauerrahm, Mehl und Rosinen unterrühren. Das Eiweiß mit 1 Prise Salz steif schlagen, dabei den restlichen Zucker in den halbsteif geschlagenen Eischnee rieseln lassen. Eischnee vorsichtig unter die Topfenmasse heben.

Den Teig halbieren. Eine Teighälfte auf einem bemehlten Geschirrtuch zu einem länglichen Rechteck ausrollen. Mit den bemehlten Handrücken unter den Teig greifen und von der Mitte aus vorsichtig zu den Tischkanten hin durchscheinend dünn ausziehen. Es dürfen keine Löcher im Teig entstehen.

Den Backofen auf 200 Grad vorheizen.

Den Teig mit flüssiger Butter bestreichen, die Hälfte der Topfenmasse darauf verteilen, dabei das obere Teigdrittel und rundherum 3 cm Rand frei lassen. Die Ränder einschlagen und den Teig mit der Füllung aufrollen. Das Geschirrtuch dabei zu Hilfe nehmen, von unten fassen und Stück für Stück nach oben rollen. Zuletzt den Strudel vom Geschirrtuch auf das Backblech rollen.

Mit dem zweiten Teigstück und der zweiten Hälfte der Topfenmasse ebenso verfahren und den zweiten Strudel ebenfalls mit Abstand auf das Blech legen.

Die Strudel im vorgeheizten Backofen 30–40 Minuten backen. Aus dem Ofen nehmen, 10 Minuten ruhen lassen und mit Puderzucker bestäuben.

Wenn der Tisch feierlich gedeckt ist, die Kerzen brennen und der Christbaum duftet, ist es so weit: Es ist Weihnachtsabend! Endlich Zeit, im Kreise der Familie ein feines Weihnachtsmenü zu genießen. Und damit erst gar keine Hektik aufkommen kann, ist alles gut vorbereitet worden. Nur noch die letzten Handgriffe sind zu erledigen und dann können alle – auch die Kinder – mit dem (selbstredend alkoholfreien) Aperitif anstoßen: Fröhliche Weihnachten!

# Weihnachts-menü

## Vorbereitungsplan

**Am Vortag**

- Ochsenschwanzsuppe vorbereiten und kalt stellen
- Soßenansatz für Gans vorbereiten
- Apfelrotkohl mit Pflaumenmus vorbereiten
- Kartoffelknödel vorbereiten
- Himbeerkompott, Zimtkrokant und Bayerische Creme zubereiten und separat nach Rezept lagern

**ca. 6 Stunden vorher**

- Gans vorbereiten und im Ofen garen
- Tisch dekorieren

**1 Stunde vorher**

- Ziegenkäse-Birnen-Türmchen vorbereiten und kalt stellen

**Kurz vor Beginn**

- Ziegenkäse-Birnen-Türmchen kurz im Ofen erwärmen
- Alkoholfreien Sektcocktail zubereiten

**Nach der Vorspeise**

- Ochsenschwanzsuppe servierfertig machen

**Nach der Suppe**

- Soße zur Gans fertigstellen
- Apfelrotkohl erwärmen
- Kartoffelknödel erwärmen
- Gans tranchieren

**Nach dem Hauptgang**

- Dessert servierfertig machen

# Dekotipp

## Christbaumkugeln mit Kerze

**Material pro Kugel:**

- 1 Weihnachtskugel, ca. 7 cm Durchmesser
- ca. 8 EL Sand, z. B. Vogelsand
- 1 Stabkerze, 30 cm hoch, 12 mm Durchmesser
- Golddraht, ca. 20 cm
- Metallring, 2 cm Durchmesser, z. B. Gardinenring
- Trichter oder eine aus Papier selbst gedrehte Spitztüte

**So geht's:**

Die Aufhängung vorsichtig aus der Kugel ziehen. Mit dem Trichter oder der mit einem Loch versehenen Papierspitztüte Sand in die Kugel füllen. Etwa 8 cm oberhalb des unteren Kerzenendes den Draht um die Kerze wickeln. Diese in die Kugel stecken und den restlichen Draht außen um die Öffnung der Weihnachtskugel wickeln. Für die Standsicherheit die Kugel mit Kerze auf dem Metallring platzieren.

**Tipp:**

Alternativ die Weihnachtskugeln mit Wasser füllen und sie in Vasen für Christrosen und Schneebälle umfunktionieren.

# Alkoholfreier Sektcocktail

**Für 6–8 Portionen**

**6 cl gekühlter Holunderblütensirup**
**etwas Limettensaft**
**1 Flasche gekühlter alkoholfreier Sekt**

Den Holunderblütensirup auf 6–8 Gläser verteilen und jeweils mit einem Spritzer Limettensaft aromatisieren. Mit dem Sekt aufgießen und sofort servieren.

# Ziegenkäse-Birnen-Türmchen mit Honig und Thymian

Die Ziegenkäsetaler horizontal durchschneiden. Die Birne waschen und das Kerngehäuse mit einem spitzen Messer oder einem Kugelausstecher entfernen. Die Birne waagerecht in 4 Millimeter dicke Scheiben schneiden. Den Thymian waschen, trockentupfen, die Blätter abzupfen und grob hacken. Mit Zitronensaft beträufeln.

Den Backofen oder Grill auf 220 Grad vorheizen. Ein Backblech mit Backpapier auslegen. Die Ziegenkäsetaler darauflegen und mit dem Thymian und dem Honig beträufeln.

Im vorgeheizten Backofen auf der obersten Schiene in 7–10 Minuten überbacken.

Birnenscheiben und Ziegenkäse zu 2 Türmchen stapeln, auf einem Teller anrichten. Mit etwas grobem Meersalz und zerstoßenem rosa Pfeffer bestreuen und servieren.

**Für 2 Personen**

**3 Ziegenfrischkäsetaler**
**1 mittelgroße, weiche Birne**
**2–3 Zweige Thymian**
**1 TL Zitronensaft**
**1 TL flüssiger Honig**
**grobes Meersalz**
**1 TL rosa Pfefferbeeren**

# Ochsenschwanzsuppe

**Für 4–6 Personen**

**1,5 kg Ochsenschwanz, in Scheiben geschnitten**
**3 Zwiebeln**
**3 Möhren**
**½ Knollensellerie**
**1–2 EL Butterschmalz**
**Salz**
**frisch gemahlener Pfeffer**
**1 TL Rosenpaprika**
**2 EL Tomatenmark**
**1 Lorbeerblatt**
**Bund Thymian**
**¼ l Rotwein**
**4 cl Portwein oder Cognac**

Die Ochsenschwanzstücke trockentupfen. Zwiebeln, Möhren und Sellerie schälen und in Würfel schneiden.
In einem großen Topf das Butterschmalz erhitzen. Das Fleisch darin kräftig anbraten, bis es rundherum Farbe angenommen hat. Das Gemüse dazugeben und kurz mitbraten. Mit Salz, Pfeffer und Paprika kräftig würzen.
Dann das Tomatenmark unterrühren und kurz anrösten. Alles mit 1 ½ l Wasser ablöschen, das Lorbeerblatt und den Thymian hinzufügen und die Suppe langsam im offenen Topf aufkochen. Den entstandenen Schaum mit einer Schaumkelle abschöpfen. Nun die Brühe bei geringer Hitze im geschlossenen Topf etwa 3 ½–4 Stunden leise simmern lassen.
Die Ochsenschwanzstücke herausnehmen und die Suppe durch ein Sieb passieren. Dabei das Gemüse und die Kräuter kräftig ausdrücken. Die Suppe zusammen mit dem Wein erneut erhitzen und ohne Deckel etwas einköcheln lassen. Mit Salz, Pfeffer und Portwein oder Cognac abschmecken.
Inzwischen das Fleisch von den Knochen lösen, würfeln und vor dem Servieren in die Suppe geben.

TIPP Als Suppeneinlage eignen sich Tortellini aus dem Kühlregal, kleine Klößchen und Gemüsestreifen.

3

4

5

1

2

6

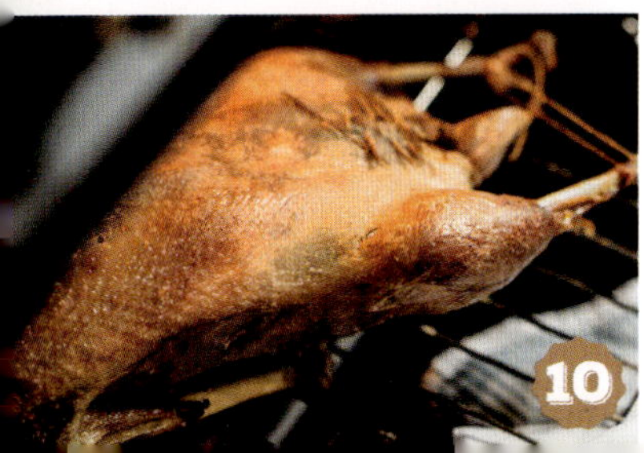


# Gefüllter Gänsebraten mit Soße

**Für 6 Personen**

**1 Gans, 6,5–7 kg**
**Salz**

**Soße:**
**750 g Geflügelknochen oder Gänseklein**
**1 Möhre**
**2 Zwiebeln**
**2 Knoblauchzehen**
**100 g Knollensellerie**
**1 EL Tomatenmark**
**¼ l Weißwein**
**2 Lorbeerblätter**
**5 Zweige Thymian**
**Salz**
**frisch gemahlener Pfeffer**
**1 EL Speisestärke**

**Quitten-Maronen-Füllung:**
**2 große Quitten**
**500 g Maronen, vorgegart**
**1 unbehandelte Zitrone**
**2 Zwiebeln**
**½ TL frisch geriebene Muskatnuss**
**1 TL brauner Zucker**
**Salz**
**frisch gemahlener Pfeffer**

**Außerdem:**
**Zahnstocher**
**Küchengarn**
**Tranchierbesteck**
**Geflügelschere**

Für die Soße Flügel, Hals und Fettdrüse von der Gans abschneiden (Bild 1). Mit den Geflügelknochen oder dem Gänseklein in einem Bräter auf dem Herd bei mittlerer Hitze anrösten (2).
Inzwischen das Gemüse putzen und grob würfeln. Dazugeben und unter Rühren mitbraten (3).
Das Tomatenmark einrühren (4) und kurz anbraten. Den Bratensatz mit Wein und 2 ½ Liter Wasser loskochen. Kräuter und Gewürze zugeben und den Soßenansatz 2 Stunden bei geringer Hitze köcheln lassen. Mit Druck durch ein Sieb in einen Topf passieren (5). Kurz ruhen lassen und das Fett abschöpfen. Erneut erhitzen und auf die Hälfte reduzieren. Beiseitestellen.
Den Backofen auf 160 Grad vorheizen. Die Gans innen und außen salzen.
Für die Füllung die Quitten waschen, achteln und entkernen. Mit den Maronen in eine Schüssel geben. Von der Zitrone die Schale abreiben und mit dem Saft dazugeben (6). Zwiebeln schälen, grob würfeln, zugeben und die Füllung mit Muskat, Zucker, Salz und Pfeffer würzen. Die Gans locker damit füllen (7). Die Öffnung mit Zahnstochern und Küchengarn gut verschließen (8).
Die Keulen locker mit Küchengarn festbinden, damit die Gans in Form bleibt. Gans mit der Brustseite auf einem Ofengitter in den Ofen schieben. Darunter eine passende Fettpfanne einschieben und ¼ l Wasser hineingießen.
Die Gans 45 Minuten garen. Umdrehen und die Hitze auf 180 Grad erhöhen. Zwischendurch wiederholt zügig mit dem Bratfett aus der Fettpfanne begießen (9). Pro Kilogramm Fleisch rechnet man 1 Stunde Garzeit. Die Gans ist gar, wenn sich die Keulen leicht vom Rumpf lösen lassen (10). Die Hitze 15 Minuten vor Ende der Garzeit auf 220 Grad erhöhen.
Den Gänsebraten aus dem Ofen nehmen und den Inhalt der Fettpfanne in einen Topf umfüllen. Bratensatz vom Fett trennen und zum Soßenansatz geben. Aufkochen, mit Salz und Pfeffer abschmecken und mit Stärke binden.
Vor dem Tranchieren den Bratensaft aus der Bauchhöhle der Gans auslaufen lassen und zur Soße geben. Die Gans tranchieren. Die Füllung in eine vorgewärmte Schüssel geben und die Geflügelstücke auf einer vorgewärmten Platte anrichten. Zusammen mit Apfelrotkohl und Kartoffelknödeln servieren (Rezepte S. 126 und 127).

# Apfelrotkohl mit Pflaumenmus

**Zutaten für 6 Personen**

**750 g Rotkohl**
**2 mittelgroße Zwiebeln**
**2 Knoblauchzehen**
**einige Thymianzweige**
**4 EL Weißweinessig**
**brauner Zucker**
**Salz,**
**frisch gemahlener Pfeffer**

**1 EL Gänseschmalz**
**350–400 ml Apfelsaft**
**1 Zimtstange**
**2 Lorbeerblätter**
**10 Wacholderbeeren**
**2 mittelgroße Äpfel**
**2 EL Pflaumenmus**
**1 TL Kartoffelstärke**

Den Rotkohl putzen, vierteln und den Strunk abschneiden. Die Viertel in feine Streifen schneiden oder hobeln.
Die Zwiebeln und die Knoblauchzehen schälen und würfeln. Den Thymian waschen, trockentupfen und die Blättchen abzupfen. Rotkohl, Zwiebeln, Knoblauch, Thymian, Essig, braunen Zucker, Salz und Pfeffer vermengen und mit einem Kartoffelstampfer oder mit den Händen kneten. So ziehen die Aromen gut ein und der Kohl gart schneller.
In einem Topf das Gänseschmalz erhitzen und den Rotkohl darin andünsten. Mit 300 ml Apfelsaft ablöschen. Zimtstange, Lorbeerblätter und Wacholder zugeben. Umrühren und den Rotkohl bei geringer Hitze im geschlossenen Topf etwa 30 Minuten garen. Zwischendurch eventuell noch etwas Apfelsaft angießen.
In der Zwischenzeit die Äpfel schälen und würfeln. Mit dem Pflaumenmus unter den Rotkohl heben. 5 Minuten mitgaren. Die Kartoffelstärke mit etwas Apfelsaft glatt rühren und die restliche Kochflüssigkeit damit binden. Zimtstange, Lorbeerblätter und Wacholder entfernen. Den Rotkohl mit Salz, Pfeffer und einer Prise Zucker abschmecken.

TIPP Die zuletzt genannten Gewürze lassen sich einfacher entfernen, wenn man sie vor dem Garen in ein Teesieb oder ein kleines Mulltuch gibt und es zubindet.

# Kartoffelknödel

**Für 4 Personen**

**Knödelmasse:**
**1 kg mehligkochende Kartoffeln**
**2 Eier**
**75 g Weizenmehl**
**75 g Weizengrieß**
**frisch geriebene Muskatnuss**
**Salz**

**Füllung:**
**1 Scheibe Weißbrot**
**1 TL Butter**
**1 EL Pinienkerne**
**2 Thymianzweige**

**Außerdem:**
**Kartoffelstärke zum Formen**

Die Kartoffeln waschen und in Salzwasser 20–30 Minuten garen.
Für die Füllung das Weißbrot würfeln und in Butter anrösten. Die Pinienkerne kurz mitbräunen. Den Thymian waschen, trockentupfen, die Blättchen abzupfen und dazugeben.
Einen großen Topf mit Salzwasser aufkochen. Die Kartoffeln abgießen, ausdampfen lassen und noch heiß pellen. Durch eine Kartoffelpresse drücken. Mit Eiern, Mehl und Grieß vermengen und mit Muskat und Salz würzen. Die Hände zum Fertigstellen der Knödel dünn mit Kartoffelstärke einreiben.
Einen Probeknödel formen und im siedenden Salzwasser garen. Sobald der Kloß nach oben steigt und zusammenhält, die restlichen Knödel füllen. Wenn der Probeknödel zerfällt, noch etwas Mehl in den Teig einarbeiten.
Zum Füllen den Kartoffelteig in 12 Stücke teilen. Jedes Stück mit den Händen leicht flachdrücken. In die Mitte etwas Brotmischung geben. Dann den Teig darüber schließen und rund abdrehen. Die Knödel etwa 20 Minuten in dem siedenden Wasser gar ziehen lassen.

# Bayerische Creme mit Himbeerkompott und Zimtkrokant

**Für 4 Personen**

**Creme:**
**3 Blatt Gelatine**
**300 ml Milch**
**1 Msp. Salz**
**½ Vanilleschote**
**2 Eigelb**
**70 g Zucker**
**¼ l Sahne**

**Zimtkrokant:**
**200 g Puderzucker**
**100 g flüssige Butter**
**120 ml Orangensaft**
**2 Msp. Zimt**
**100 g gehackte Mandeln**
**100 g gemahlene Mandeln**
**40 g Mehl**

**Himbeerkompott:**
**300 g Himbeeren, frisch oder TK**
**3–4 EL Zucker**
**200 ml Weißwein**

**Außerdem:**
**einige Zweige frische Minze oder Melisse zum Garnieren**

Die Creme mindestens 2 Stunden vor dem Menü vorbereiten.
Die Gelatine nach Packungsanweisung in kaltem Wasser einweichen.
In einem Topf die Milch mit Salz und ausgekratzter Vanilleschote samt Vanillemark erhitzen. In einem 2. Topf Eigelb und Zucker mit dem Schneebesen schaumig rühren und unter stetigem Rühren zur Vanillemilch gießen. Bei mäßiger Hitze cremig aufschlagen. Vom Herd nehmen und die Vanilleschote entfernen. Die eingeweichte Gelatine ausdrücken, mit dem Schneebesen in die heiße Creme einrühren und darin auflösen. Die Sahne steif schlagen.
Die Creme über einem kalten Wasserbad kalt schlagen. Sobald die Creme zu stocken beginnt, die geschlagene Sahne unterziehen. Das Dessert in Gläser füllen. Mit Folie abgedeckt in den Kühlschrank stellen.
Für das Zimtkrokant den Backofen auf 180 Grad vorheizen. Puderzucker mit Butter, Orangensaft und Zimt verrühren. Gehackte und gemahlene Mandeln mit dem Mehl mischen und unterrühren. Den Teig sehr dünn auf Backpapier streichen und in 10–15 Minuten goldgelb backen. Erkalten lassen und in Stücke brechen.
Für das Himbeerkompott den Zucker in einem Topf karamellisieren. Mit dem Wein ablöschen, aufkochen und um die Hälfte reduzieren. Die Hälfte der Beeren dazugeben. Alles 5 Minuten köcheln lassen und durch ein Sieb streichen. Restliche Himbeeren unterheben. Das Kompott etwas abkühlen lassen.
Direkt vor dem Servieren das Kompott auf der Creme verteilen und mit dem Krokant und den Kräuterzweigen garnieren.

TIPP Man kann den Zimkrokant am Vortag vorbereiten und nach dem vollständigen Erkalten in einer gut schließenden Dose lagern. Auch das Kompott lässt sich gut vorbereiten.

Wenn die kürzesten Tage des Jahres da sind und es andauernd dunkel ist, ist genau die richtige Zeit, um sich im Kreise lieber Menschen um eine weiße oder rote Feuerzangenbowle zu versammeln. Und damit die Bowle, die genau genommen ein Punsch ist, nicht allzu sehr in den Kopf steigt, gibt es vorher ein deftiges Rehragout und dazu herzhaftes Fingerfood. Wir bringen einen Toast aus auf Heinrich Spoerl, den Autor des verfilmten Buches „Feuerzangenbowle" und natürlich auf Heinz Rühmann!

# Feuerzangenbowle

## Vorbereitungsplan

**Am Vortag**

- Reh-Kürbis-Ragout zubereiten und kalt stellen

**Drei Stunden vorher**

- Käse-Sesam-Stangen zubereiten
- Kräuterscones mit Paprikacreme zubereiten
- Tisch eindecken und dekorieren

**30 Minuten vorher**

- Feuerzangenbowle auf dem Herd erhitzen
- Reh-Kürbis-Ragout erwärmen und abschmecken

**Kurz vor Beginn**

- Zuckerhut anzünden und Bowle servierfertig machen

# Dekotipp

## Serviettendeko mit Anissternen

**Material:**

- Stoffserviette
- 3 Anissterne
- 3 goldfarbene Gummibänder, je 12 cm
- 1 Stück Paketschnur, 12 cm

**So geht's:**

Die Stoffserviette zu einem schmalen Rechteck falten und mit der offenen Faltkante nach oben auf den Tisch legen. Die Serviette mit den Bändern und der Schnur umlegen und jeweils auf der Rückseite verknoten. In gleichmäßigen Abständen auf der Serviette anbringen. Die Anissterne damit fixieren.

# Reh-Kürbis-Ragout

**Für 4 Personen**

**1 kg Rehgulasch**
**4 Zwiebeln**
**1 Knoblauchzehe**
**2 Möhren**
**150 g getrocknete Pflaumen**
**300 ml trockener Rotwein**
**300 ml Wildfond oder Fleischbrühe**
**1 Zimtstange**
**1 Prise Piment**
**1 Lorbeerblatt**
**Salz**
**frisch gemahlener Pfeffer**
**1 kleiner Hokkaidokürbis**
**Öl zum Anbraten**

Den Backofen auf 200 Grad vorheizen. Das Fleisch portionsweise kräftig anbraten.
Zwiebeln, Knoblauch und Möhren schälen und würfeln oder in Scheiben schneiden. Zum Fleisch geben und kurz mitbraten. Die Pflaumen vierteln und mit den restlichen Zutaten, bis auf den Kürbis, zugeben. Kräftig würzen.
Im vorgeheizten Backofen bei 200 Grad etwa 30–45 Minuten offen garen.
Den Kürbis waschen und halbieren, Fasern und Kerne entfernen und das Fruchtfleisch in 2 x 2 cm große Würfel schneiden. Zum Fleisch geben und 30 Minuten mitschmoren. Nochmals abschmecken.

# Käse-Sesam-Stangen

**Für 4–6 Personen**

**40 g würziger Hartkäse**
**120 g Mehl**
**60 g kalte Butter**
**Salz**
**2 Eigelb**
**Cayennepfeffer**
**2–3 EL Sesam**

Den Hartkäse fein reiben. Mit Mehl, Butter in Flöckchen, 2 Esslöffel Wasser und Salz vermengen und rasch zu einem Teig verkneten. In Folie wickeln und 30 Minuten kalt stellen. Das Eigelb mit Salz und Cayennepfeffer verquirlen und den Sesam untermischen.
Den Backofen auf 180 Grad vorheizen. Ein Backblech mit Backpapier auslegen. Den Teig auf etwas Mehl 2 mm dünn ausrollen. Mit der Ei-Sesam-Mischung bestreichen. Mit einem Teigrädchen mit Zickzack-Kante in Streifen schneiden und auf das Backblech legen. Im vorgeheizten Backofen etwa 10–15 Minuten backen.

# Kräuter-Scones mit Paprikacreme

**Für 18–20 Scones**

**Scones:**
**1 gemischtes Bund Rosmarin, Thymian und Oregano oder jeweils 1 TL getrocknet**
**50 g Parmesan**
**500 g Dinkelvollkornmehl**
**1 Päckchen Backpulver**
**250 g Quark**
**140 g weiche Butter**
**½ TL Salz**
**frisch gemahlener Pfeffer**
**2 Eier**

**Paprikacreme:**
**150 g Frischkäse**
**150 g Quark**
**2–3 EL Ajvar**
**Salz**
**frisch gemahlener Pfeffer**

**Außerdem**
**Mehl zum Ausrollen**
**1 Eigelb und 1 EL Wasser**

Den Backofen auf 200 Grad vorheizen.
Für die Scones die Kräuter waschen und trockentupfen. Die Blättchen abzupfen und fein hacken. Den Parmesankäse fein reiben.
Die Kräuter und den Käse mit dem Mehl und dem Backpulver vermengen. Mit den restlichen Zutaten zu einem Teig verkneten.
Den Teig auf etwas Mehl 2 ½ cm dick ausrollen. Kreise im Durchmesser von 7 cm ausstechen und auf ein mit Backpapier ausgelegtes Backblech legen. Den restlichen Teig verkneten, ausrollen, weitere Kreise ausstechen und auf das Backblech legen. Den Vorgang wiederholen, bis der Teig verbraucht ist.
Das Eigelb mit dem Wasser verquirlen und die Teiglinge damit bestreichen.
Im vorgeheizten Backofen bei 200 Grad etwa 20 Minuten goldgelb backen.
Für die Paprikacreme alle Zutaten verrühren und mit Salz und Pfeffer abschmecken.
Die noch warmen Scones mit der Paprikacreme servieren.

# Rote Feuerzangenbowle

**Für 6 Personen**

**2 Flaschen Rotwein, z. B. Spätburgunder**
**2 Orangen**
**1 Zitrone**
**1 Zimtstange**
**4 Nelken**
**2–3 Sternanis**
**1 Zuckerhut**
**ca. ¼ l Rum, mindestens 54 %**

Den Rotwein in einen Topf geben. Die Orangen und die Zitrone waschen, in Scheiben schneiden und mit den Gewürzen zum Rotwein geben. Das Ganze langsam auf etwa 80 Grad erhitzen. Der Rotwein darf nicht kochen. Wenn der Wein heiß ist, alles in das vorgewärmte Bowlengefäß füllen, auf das Rechaud stellen und die Kerze oder die Brennpaste anzünden. Den Zuckerhut auf die Feuerzange legen und mit dem Rum tränken. Dann den Zucker anzünden, nach und nach mit einer Kelle den Rum nachgießen, bis der Zucker vollständig aufgelöst ist.

# Weiße Feuerzangenbowle

**Für 6 Personen**

**2 Flaschen Weißwein, z. B. Chardonnay**
**½ l Apfelsaft**
**2 Äpfel**
**1 Zitrone**
**1 Orange**
**1 ½ Zimtstangen**
**4 Nelken**
**2–3 Sternanis**
**1 Zuckerhut**
**ca. ¼ Weißer Rum, z. B. Arrak oder Wray & Nephew White Overproof**

Den Weißwein und den Apfelsaft in einen Topf geben. Die Äpfel, die Orange und die Zitrone waschen, in Scheiben oder Spalten schneiden und mit den Gewürzen zum Weißwein geben. Das Ganze langsam auf etwa 80 Grad erhitzen. Der Wein darf nicht kochen. Wenn der Weißwein heiß ist, alles in das vorgewärmte Bowlengefäß füllen, diese auf das Rechaud stellen und die Kerze oder die Brennpaste anzünden. Den Zucker auf die Feuerzange legen und mit Rum tränken. Danach den Zuckerhut anzünden, nach und nach mit einer Kelle den Rum nachgießen, bis der Zucker vollständig aufgelöst ist.

**Tipp:**
Die Bowle kann auch mit einem Schuss Sherry und Rosinen verfeinert werden.

Gerade zu Silvester ist es sehr gesellig, liebe Menschen zu einem ausgedehnten Fondue einzuladen. Die fünf Grundfondues in diesem Kapitel sollen dazu anregen, eigene Kombinationen zusammenzustellen. So kann man etwa ein Fleischfondue auch mit Brühe vorbereiten, das vegetarische Brühfondue durch Fisch und Meeresfrüchte ergänzen oder das klassische Fleischfondue mit Fett um marinierten Tofu und Seitan erweitern. Und wenn Vegetarier und Allesesser an einem Tisch sitzen, ist es möglicherweise keine schlechte Idee, zwei Fondutöpfe aufzustellen. Und natürlich sind auch die Soßen mit allen Fondues frei kombinierbar. Erlaubt ist ja glücklicherweise, was gefällt!

# Silvesterfondue

# Vorbereitungsplan

Exemplarisch: Vegetarisches Fondue mit Brühe

**Vier Stunden vorher**

- Tofu und Seitan marinieren
- Tischdeko herstellen

**Zwei Stunden vorher**

- Gemüsebrühe vorbereiten
- Soßen zubereiten und kalt stellen

**1 Stunde vorher**

- Gemüse und Pilze vorbereiten, in Schälchen füllen und kalt stellen

**Kurz vor Beginn**

- Brühe auf dem Herd erhitzen und auf den Rechaud stellen
- Riesling-Campari servierfertig machen

# Dekotipp

## Kastenformen mit Glücksklee

### Material

- 2 mittelgroße Kastenbackformen
- Töpfchen mit Glücksklee in passender Größe und Zahl

### So geht's

Glückskleetöpfchen dicht an dicht in die Kastenformen setzen. Nach Belieben zusätzlich mit Glücksschweinchen oder dünnen Kerzen dekorieren. Das bringt frisches Grün auf den Tisch und Glück fürs Neue Jahr.

**Tipp:**
Am besten erst die Kastenformen kaufen und sie zum Kauf der Glückskleetöpfchen mitnehmen.

## Tischdeko aus Topfschwämmen

### Material

- Topfschwamm aus Metall
- Marmeladenglas
- Stumpenkerzen
- Stoffserviette
- silberfarbene Geschenkkordel
- Schere

### So geht's

**Teelichter:** Einen Topfschwamm auseinanderrollen, auf links drehen und über ein Marmeladenglas ziehen. Am unteren Ende bündig mit dem Glasboden abschneiden. Kerze hineinstellen.

**Serviettendeko:** Einen Topfschwamm auseinanderrollen und ein Stück von 10–12 cm abschneiden. Die Serviette zu einem schmalen Rechteck falten und das Topfschwammstück über die Serviette ziehen. Mit silberner Geschenkkordel umwickeln, verknoten.

# Tipps und Tricks

### Allgemeines

Unsere Mengenangaben für Fett oder Brühe beziehen sich auf einen Topf von 2 Liter Inhalt. Sie sind an das Fassungsvermögen des jeweiligen Fonduetopfs anzupassen. Er sollte etwa zur Hälfte, maximal aber zu zwei Dritteln gefüllt sein. Im Laufe des Essens muss dann bei Bedarf noch einmal etwas Flüssigkeit oder Fett nachgefüllt werden. Für ein Fondue rechnet man pro Person 300–400 Gramm Garzutaten. Pro Dip sollten Sie mindestens 200 Gramm pro Person vorbereiten.

### Fondues mit Fett oder Brühe

Verwenden Sie Fleischsorten, die sich zum Kurzbraten eignen und festes Fischfilet, damit es nicht von der Fonduegabel rutscht.
Wählen Sie Gemüsesorten, die rasch garen oder nur kurz erhitzt werden müssen. Gemüse, das viel Wasser enthält, wie zum Beispiel Tomaten und Gurken, eignen sich nicht fürs Fett-Fondue. Ansonsten können Sie alle Gemüse-, Fleisch- und Fischsorten nach Gusto kombinieren.
Bei allen Fondues mit Fett oder Brühe sollte die Basis auf dem Herd unter Aufsicht erwärmt/erhitzt werden und mit der entsprechenden Temperatur, die zum Garen am Tisch notwendig ist, auf das Rechaud gestellt werden. Dieses dient nur zum Warmhalten beziehungsweise zum Halten der gewünschten Gartemperatur.
Beim Fleischfondue mit Fett ist besondere Vorsicht geboten, da heißes Fett zu Verbrennungen führen kann.
Die Temperatur des Rechauds beim Fleischfondue sollte regelmäßig überprüft werden: Wenn viele Gabeln im heißen Fett stecken, kühlt es ab und Fleisch und Gemüse saugen sich mit Fett voll, anstatt zu braten. Wenn nur noch ein bis zwei Gabeln hineingehalten werden, kann das Fett zu heiß werden. Dann heißt es, das Rechaud herunterregeln.

### Käsefondue

Immer fleißig mit den Brotstücken an der Gabel am Boden des Käsefondues rühren, damit nichts anbrennt. Besonders lecker ist am Ende die Kruste, die sich am Topfboden bildet. Das Fondue ist eigentlich nicht schwer verdaulich, hat aber einen hohen Sättigungsgrad. Trinken Sie einen Tee dazu, das macht es bekömmlicher.

### Schokoladenfondue

Es wird einmal vorsichtig auf dem Herd erwärmt und dann nur mit einem Teelicht warm gehalten, da die Schokolade schnell anbrennt und bitter werden kann. Durch die zugegebene Milch bleibt die Schokoladenmischung lange flüssig.
Das Fondue wird als Dessert gereicht und eignet sich auch zum Sonntagskaffee oder für den Kindergeburtstag (dann jedoch ohne Alkohol!).

# Riesling-Campari

**Für 4 Personen**

**½ l Weißwein, z. B. Riesling oder Grauer Burgunder**
**60–75 ml Campari**
**1 Glas Eiswürfel, zerkleinert**

Den Weißwein kalt stellen. Den Campari und das Eis auf 4 große Weingläser verteilen. Mit dem Weißwein auffüllen.

# Klassisches Fleischfondue

**Für einen 2-l-Topf I für 6 Personen**

**Fonduefett:**
**650 ml Pflanzenöl**
**650 g Frittier- bzw. Kokosfett**

**Fondue-Zutaten:**
**1,2 kg Fleisch (z. B. Rinderfilet, Schweinefilet, Hähnchenbrust)**
**900 g Gemüse (z. B. Champignons, Paprika, Auberginen, Frühlingszwiebeln)**

Das Fett im Fonduetopf auf dem Herd erhitzen. Auf dem Rechaud warm halten und die Fonduezutaten darin garen.

# Cocktailsoße

**100 g Mayonnaise**
**100 g Naturjoghurt**
**3 EL Ketchup**
**2 TL Worchestersoße**
**1 cl Cognac**
**2 EL Orangensaft**
**Salz**
**frisch gemahlener Pfeffer**

Die Mayonnaise mit dem Joghurt und dem Ketchup in eine Schüssel geben. Worchestersoße, Cognac und Orangensaft zufügen und verrühren. Die Soße mit Salz und Pfeffer würzen.

# Kräutersoße

**200 g Schmand**
**200 g saure Sahne**
**50 g TK-Kräutermischung**
**½ Zitrone**
**Salz**
**frisch gemahlener Pfeffer**

Den Schmand mit der sauren Sahne und den Kräutern in einer Schüssel verrühren. Mit dem Zitronensaft, Salz und Pfeffer kräftig abschmecken.

# Erdnuss-Soße

**200 ml Kokosmilch**
**100 ml Hühnerbrühe**
**1 Stück Ingwer, 1 cm**
**3 EL Erdnussbutter**
**1 TL Zucker**
**Cayennepfeffer**
**Salz**

Den Ingwer schälen und fein reiben. Kokosmilch, Hühnerbrühe, Ingwer und Zucker in einen Topf geben, aufkochen und 5 Minuten köcheln lassen. Vom Herd nehmen, Erdnussbutter unterrühren. Die Soße mit Cayennepfeffer und Salz würzen.

# Bunter Wintersalat mit Walnüssen

**Für 6 Personen**

**Salat:**
**2 Orangen**
**200 g Feldsalat**
**200 g Endiviensalat**
**1 rote Zwiebel**
**½ Bund Petersilie**
**50 g Walnüsse**

**Dressing:**
**1 EL Weißweinessig**
**2 EL Orangensaft**
**2 TL Senf**
**10 EL Walnussöl**
**Salz, frisch gemahlener Pfeffer**
**1 Prise Zucker**

Für den Salat die Orangen so schälen, dass die weiße Haut komplett mitentfernt wird. Die Filets zwischen den Trennhäutchen herauslösen. Den Rest der Orange ausdrücken und den Saft dabei auffangen. Den Feldsalat und den Endiviensalat putzen, waschen und trockenschleudern. Die Endivie in mundgerechte Stücke zupfen. Die Zwiebeln schälen und in Spalten schneiden. Die Petersilie waschen, trockentupfen und fein hacken. Die Walnüsse sehr grob hacken.
Für das Dressing den Essig mit dem Orangensaft, Senf, Salz, Pfeffer und Zucker verrühren. Das Öl im dünnen Strahl zugießen und unterrühren.
Feldsalat, Endiviensalat, Orangenfilets und Zwiebelspalten auf Tellern anrichten, mit dem Dressing beträufeln und mit den Walnüssen bestreuen.

# Fischfondue

**Für einen 2-l-Topf I für 6 Personen**

**Fischfond:**
**500 g Fischköpfe und -karkassen**
**1 Bund Suppengemüse**
**2 Zwiebeln**
**1 Lorbeerblatt**
**5 Wacholderbeeren**
**½ Bund Dill**
**½ Bund Petersilie**
**⅛ l trockener Weißwein**
**Salz**

**Fondue-Zutaten:**
**2 kg Fischfilet (z. B. Lachs, Zander, Rotbarsch oder Seelachs, Garnelen)**

Für den Fischfond die Fischköpfe und -karkassen kalt abbrausen, bis das Wasser klar bleibt. In einen Topf geben. Suppengemüse und Zwiebeln schälen oder putzen und grob würfeln. Mit Lorbeerblatt und Wacholder dazugeben. Dill und Petersilie abbrausen und trockentupfen. Blättchen abzupfen und beiseitelegen. Stiele ebenfalls in den Topf geben. 1 ¾ l Wasser und Weißwein angießen und den Topfinhalt einmal aufkochen, leicht salzen. 20 Minuten bei geringer Hitze leise köcheln lassen. Nochmals abschmecken und durch ein feines Sieb seihen. Dill- und Petersilie einstreuen. Den Fond auf dem Rechaud warm halten und die Fonduezutaten darin garen.

# Currysoße

**150 g Mayonnaise**
**150 g Schmand**
**1 EL Currypulver**
**1 TL Zucker**
**Salz**
**frisch gemahlener Pfeffer**
**1 Babyananas**
**½ Bund Petersilie**

Mayonnaise und Schmand mit dem Currypulver und dem Zucker verrühren. Mit Salz und Pfeffer würzen. Die Ananas schälen, Strunk entfernen und das Fruchtfleisch klein würfeln. Die Petersilie abbrausen, trockentupfen, die Blättchen abzupfen, fein hacken und unter die Soße rühren.

**Tipp:**
Es ist wichtig, dass der Fond nur leicht gewürzt wird, weil er während des Fondues noch weiter einköchelt und dadurch intensiver wird. Zu Beginn 1,2 l abmessen und den Rest zum Nachfüllen bereitstellen.

# Orangenmayonnaise

**2 unbehandelte Orangen**
**2 TL Zucker**
**50 ml zimmerwarme Milch**
**⅛ l Pflanzenöl**
**Salz**
**Cayennepfeffer**

Eine Orange gründlich waschen, trockentupfen und die Schale mit dem Sparschäler dünn abschälen. Schale in feine Streifen schneiden. Beide Orangen halbieren, den Saft auspressen. Orangenschale, -saft und Zucker in einem Topf aufkochen und 5 Minuten köcheln lassen. Anschließend zur Seite stellen und abkühlen lassen.
In der Zwischenzeit die Milch in einen Rührbecher geben. Das Öl im dünnen Strahl zulaufen lassen und mit dem Pürierstab untermixen, bis eine cremige Mayonnaise entstanden ist. Mit Salz und Cayennepfeffer würzig abschmecken. Den eingekochten Orangensud unterrühren.

# Honig-Senf-Soße mit Dill

**4 EL flüssiger Honig**
**4 EL mittelscharfer Senf**
**1 TL Ketchup**
**2 TL milder Essig, z. B. Apfelessig**
**2 TL Rapsöl**
**Salz**
**frisch gemahlener Pfeffer**
**½ Bund Dill**

Den Honig mit Senf, Ketchup und Essig verrühren. Das Öl im dünnen Strahl unter Rühren zugießen, bis eine sämige Soße entstanden ist. Mit Salz und Pfeffer würzen. Den Dill abbrausen, trockentupfen, die Blättchen abzupfen, fein hacken und unterrühren.

# Gemischter Blattsalat mit Fenchel

**Salat:**
**je 100 g Radicchio, Romanasalat, Spinat und Rucola**
**1 Fenchelknolle**

**Dressing:**
**3 EL Fruchtessig (z. B. Himbeer- oder Granatapfel)**
**6 EL Rapskernöl**
**1 TL milder Senf**
**Salz**
**1 EL Honig**

Die Blattsalate putzen, waschen und trockenschleudern. In mundgerechte Stücke zupfen und in einer Salatschüssel mischen. Den Fenchel putzen, waschen und in dünne Scheiben hobeln. Zum Salat geben.
Für das Dressing den Essig mit Senf und Honig verrühren, das Öl im dünnen Strahl zugeben und unterrühren, bis eine sämige Soße entstanden ist. Die Soße mit Salz würzen.

# Vegetarisches Fondue mit Brühe

**Für einen 2-l-Topf I für 6 Personen**

**Gemüsebrühe:**
**1 Bund Suppengrün**
**1 Zwiebel**
**1 Tomate**
**1 Stängel Liebstöckel nach Belieben, ersatzweise Petersilie**
**2 EL Pflanzenöl**
**2 l Wasser**
**Salz**

**Fondue-Zutaten:**
**800 g marinierter Tofu und Seitan**
**1,3 kg Gemüse (z. B. Möhren, Brokkoli, Zuckerschoten, Chinakohl oder Mangold, Rettich, Shiitake-Pilze)**

Für die Gemüsebrühe das Suppengrün schälen oder putzen und in grobe Würfel schneiden. Die Zwiebel mit der Schale halbieren. Liebstöckel abbrausen und trockentupfen.
Das Öl in einem Topf erhitzen und das Wurzelgemüse mit der Zwiebel darin anschwitzen. Mit dem Wasser aufgießen, leicht salzen. Tomaten und Liebstöckel einlegen, Topfinhalt zum Kochen bringen und 45 Minuten leise köcheln lassen. Mit Salz abschmecken und durch ein feines Sieb seihen. Die Brühe auf dem Rechaud warm halten und die Fonduezutaten darin garen.

TIPP Im Verlauf des Fondue-Essens wird die Brühe sehr aromatisch. Darum empfiehlt es sich, sie zum Abschluss in Suppenschalen zu füllen und zu essen.

# Marinierter Tofu und Seitan

**200 g Tofu**
**200 g Räucherseitan**
**1 Chilischote**
**1–2 Stängel Zitronengras**
**4 EL Sojasoße**
**2 EL Orangensaft**
**1–1 ½ EL Reiswein (ersatzweise Sherry medium dry)**
**1 EL Weißweinessig**
**½ TL Sesamöl**
**1 Prise Zucker**
**Salz**

Den Tofu und den Seitan in mundgerechte Stücke schneiden und in 2 getrennte Gefrierbeutel geben. Die Chilischote halbieren, Kerne entfernen und das Fruchtfleisch in feine Streifen schneiden. Das Zitronengras mit einem schweren Messer andrücken und fein hacken. Die restlichen Zutaten verrühren, Chili und Zitronengras hinzufügen, mit Salz und Pfeffer würzen und anteilig mit den Tofu- und Seitanwürfeln mischen. Die Luft aus den Beuteln drücken und verschließen. Den Inhalt vorsichtig mischen und 4 Stunden im Kühlschrank marinieren. Herausnehmen, trockentupfen und in 2 Schalen füllen.

# Chilisoße

**1 kleine rote Chilischote**
**1 Zwiebel**
**1 Knoblauchzehe**
**2 EL brauner Zucker**
**1 EL Tomatenmark**
**200 g stückige Tomaten**
**3 EL Essig**
**Salz, frisch gemahlener Pfeffer**

Die Zwiebel und den Knoblauch schälen und klein würfeln. Beides mit dem braunen Zucker in einem Topf anschwitzen. Tomatenmark zugeben. Die Zwiebeln dabei glasig dünsten. Die stückigen Tomaten zugeben und 10 Minuten offen einkochen lassen. In der Zwischenzeit die Chilischote waschen, trockentupfen, halbieren und entkernen. Schoten klein würfeln und mit dem Essig in die Soße geben. Mit Salz und Pfeffer würzen.

# Hummussoße

**100 g Kichererbsen, vorgekocht**
**2 EL gerösteter Sesam**
**1 Msp. Safranpulver**
**1 Zitrone**
**100 ml Gemüsebrühe**
**Salz**
**frisch gemahlener Pfeffer**
**Chiliflocken**
**Koriander, gemahlen**
**2 EL Olivenöl**

Den gerösteten Sesam im Mörser fein zerstoßen. Den Safran in der Gemüsebrühe auflösen. Die Kichererbsen mit dem Sesam, dem Saft der Zitrone und der Gemüsebrühe fein pürieren. Mit Salz, Pfeffer, Chiliflocken und gemahlenem Koriander würzig abschmecken. Zuletzt das Olivenöl unterrühren.

# Mango-Senf-Soße

**1 reife Mango**
**150 ml Weißwein**
**2 EL süßer Senf**
**Salz**
**Cayennepfeffer**

Die Mango schälen, das Fruchtfleisch vom Kern schneiden und klein würfeln. Mango und Weißwein in einen Topf geben und aufkochen lassen. Bei geringer Hitze weich kochen. Den Senf unterrühren und die Soße mit Salz und Cayennepfeffer abschmecken.

**Für ca. 400 ml | für 6 Personen**

**Schokoladenfondue:**
**200 g Zartbitterkuvertüre**
**200 g Vollmilchkuvertüre**
**200 ml Milch**

**Fonduezutaten:**
**ca. 200 g pro Person:**
**z. B. Äpfel, Birnen, Ananas, Bananen, Mangos, Kiwis, Physalis, Weintrauben etc.**
**Minimarshmallow**
**Waffelröllchen**

# Schokoladenfondue

Die Milch in einem Topf erwärmen, nicht kochen lassen. Den Topf vom Herd nehmen. Die Kuvertüre grob hacken und in der warmen Milch schmelzen. So lange rühren, bis eine cremige Schokoladensoße entstanden ist. In den Fonduetopf umfüllen und auf das Rechaud stellen. Sofort servieren.
Das Obst waschen, schälen, ggf. entkernen oder vom Strunk befreien und in mundgerechte Stücke oder Würfel schneiden. Obst, das schnell braun wird, wie z. B. Bananen oder Birnen, sollten mit etwas Zitronensaft eingerieben werden.

TIPP Man kann das Schokoladenfondue auch mit weißer Schokolade oder einer anderen Schokoladenmischung zubereiten. Wichtig ist ein hoher Kakaoanteil in der Schokolade. Anstelle der Milch kann auch Kokosmilch oder Sahne verwendet werden. Zum Aromatisieren eignen sich Liköre, wie Kokos-, Kaffee-, Kakao-, Cremelikör. Auch 1 Prise Zimt, etwas frisches Vanillemark, gehackte Minze oder ein Hauch Chili geben dem Schokoladenfondue eine besondere Note.